国家"双一流"建设学科
辽宁大学应用经济学系列丛书
青年学者系列
总主编◎林木西

东北地区国企主导型制造业集群发展问题研究

Research on the Development of Manufacturing Cluster Dominated by State-owned Enterprises in China Northeast Area

李 莉 著

中国财经出版传媒集团
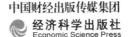
经济科学出版社
Economic Science Press

图书在版编目（CIP）数据

东北地区国企主导型制造业集群发展问题研究/李莉著 . —北京：经济科学出版社，2021. 12
（辽宁大学应用经济学系列丛书 . 青年学者系列）
ISBN 978 - 7 - 5218 - 3124 - 5

Ⅰ . ①东… Ⅱ . ①李… Ⅲ . ①制造工业 - 国有工业企业 - 主导产业 - 产业集群 - 产业发展 - 研究 - 东北地区
Ⅳ . ①F426. 4

中国版本图书馆 CIP 数据核字（2021）第 239232 号

责任编辑：于　源　郑诗南
责任校对：徐　昕
责任印制：范　艳

东北地区国企主导型制造业集群发展问题研究
李　莉　著
经济科学出版社出版、发行　新华书店经销
社址：北京市海淀区阜成路甲 28 号　邮编：100142
总编部电话：010 - 88191217　发行部电话：010 - 88191522
网址：www. esp. com. cn
电子邮箱：esp@ esp. com. cn
天猫网店：经济科学出版社旗舰店
网址：http://jjkxcbs. tmall. com
北京季蜂印刷有限公司印装
710 × 1000　16 开　11. 25 印张　170000 字
2022 年 4 月第 1 版　2022 年 4 月第 1 次印刷
ISBN 978 - 7 - 5218 - 3124 - 5　定价：46. 00 元
（图书出现印装问题，本社负责调换。电话：010 - 88191510）
（版权所有　侵权必究　打击盗版　举报热线：010 - 88191661
QQ：2242791300　营销中心电话：010 - 88191537
电子邮箱：dbts@ esp. com. cn）

总　序

　　本丛书为国家"双一流"建设学科"辽宁大学应用经济学"系列丛书，也是我主编的第三套系列丛书。前两套系列丛书出版后，总体看效果还可以：第一套是《国民经济学系列丛书》（2005 年至今已出版13 部），2011 年被列入"十二五"国家重点出版物出版规划项目；第二套是《东北老工业基地全面振兴系列丛书》（共 10 部），在列入"十二五"国家重点出版物出版规划项目的同时，还被确定为 2011 年"十二五"规划 400 种精品项目（社科与人文科学 155 种），围绕这两套系列丛书取得了一系列成果，获得了一些奖项。

　　主编系列丛书从某种意义上说是"打造概念"。比如说第一套系列丛书也是全国第一套国民经济学系列丛书，主要为辽宁大学国民经济学国家重点学科"树立形象"；第二套则是在辽宁大学连续主持国家社会科学基金"八五"至"十一五"重大（点）项目，围绕东北（辽宁）老工业基地调整改造和全面振兴进行系统研究和滚动研究的基础上持续进行探索的结果，为促进我校区域经济学学科建设、服务地方经济社会发展做出贡献。在这一过程中，既出成果也带队伍、建平台、组团队，使得我校应用经济学学科建设不断跃上新台阶。

　　主编这套系列丛书旨在使辽宁大学应用经济学学科建设有一个更大的发展。辽宁大学应用经济学学科的历史说长不长、说短不短。早在1958 年建校伊始，便设立了经济系、财政系、计统系等 9 个系，其中经济系由原东北财经学院的工业经济、农业经济、贸易经济三系合成，财税系和计统系即原东北财经学院的财信系、计统系。1959 年院系调整，将经济系留在沈阳的辽宁大学，将财政系、计统系迁到大连组建辽宁财经学院（即现东北财经大学前身），将工业经济、农业经济、贸易经济三个专业的学生培养到毕业为止。由此形成了辽宁大学重点发展理论经济学（主要是政治经济学）、辽宁财经学院重点发展应用经济学的大体格局。实际上，后来辽宁大学也发展了应用经济学，东北财经大学也发展了理论经济学，发展得都不错。1978 年，辽宁大学恢复招收工业经济本科生，1980 年受人民银行总行委托、经教育部批准开始招收国际金融本科生，1984 年辽宁大学在全国第一批成立了经济管理学院，增设计划统计、会计、保险、投资经济、国际贸易等本科专业。到 20 世纪 90 年代中期，辽宁大学已有西方经济学、世界经济、国民经济计划与管理、国际金融、工业经济 5 个二级学科博士点，当时在全国同类院校似不多见。1998 年，建立国家重点教学基地"辽宁大学国家经济学基础人才培养基地"。2000 年，获批建设第二批教育部人文社会科学重点研究基地"辽宁大学比较经济体制研究中心"（2010 年经教育部社会科学司批准更名为"转型国家经济政治研究中心"）；同年，在理论经济学一级学科博士点评审中名列全国第一。2003 年，在应用经济学一级学科博士点评审中并列全国第一。2010 年，新增金融、应用统计、税务、国际商务、保险等全国首批应用经济学类专业学位硕士点；2011 年，获全国第一批统计学一级学科博士点，从而实现经济学、统计学一级学科博士点"大满贯"。

在二级学科重点学科建设方面，1984 年，外国经济思想史（即后来的西方经济学）和政治经济学被评为省级重点学科；1995 年，西方经济学被评为省级重点学科，国民经济管理被确定为省级重点扶持学科；1997 年，西方经济学、国际经济学、国民经济管理被评为省级重点学科和重点扶持学科；2002 年、2007 年国民经济学、世界经济连续两届被评为国家重点学科；2007 年，金融学被评为国家重点学科。

在应用经济学一级学科重点学科建设方面，2017 年 9 月被教育部、财政部、国家发展和改革委员会确定为国家"双一流"建设学科，成为东北地区唯一一个经济学科国家"双一流"建设学科。这是我校继

1997 年成为"211"工程重点建设高校 20 年之后学科建设的又一次重大跨越，也是辽宁大学经济学科三代人共同努力的结果。此前，2008 年被评为第一批一级学科省级重点学科，2009 年被确定为辽宁省"提升高等学校核心竞争力特色学科建设工程"高水平重点学科，2014 年被确定为辽宁省一流特色学科第一层次学科，2016 年被辽宁省人民政府确定为省一流学科。

在"211"工程建设方面，在"九五"立项的重点学科建设项目是"国民经济学与城市发展"和"世界经济与金融"，"十五"立项的重点学科建设项目是"辽宁城市经济"，"211"工程三期立项的重点学科建设项目是"东北老工业基地全面振兴"和"金融可持续协调发展理论与政策"，基本上是围绕国家重点学科和省级重点学科而展开的。

经过多年的积淀与发展，辽宁大学应用经济学、理论经济学、统计学"三箭齐发"，国民经济学、世界经济、金融学国家重点学科"率先突破"，由"万人计划"领军人才、长江学者特聘教授领衔，中青年学术骨干梯次跟进，形成了一大批高水平的学术成果，培养出一批又一批优秀人才，多次获得国家级教学和科研奖励，在服务东北老工业基地全面振兴等方面做出了积极贡献。

编写这套《辽宁大学应用经济学系列丛书》主要有三个目的：

一是促进应用经济学一流学科全面发展。以往辽宁大学应用经济学主要依托国民经济学和金融学国家重点学科和省级重点学科进行建设，取得了重要进展。这个"特色发展"的总体思路无疑是正确的。进入"十三五"时期，根据"双一流"建设需要，本学科确定了"区域经济学、产业经济学与东北振兴""世界经济、国际贸易学与东北亚合作""国民经济学与地方政府创新""金融学、财政学与区域发展""政治经济学与理论创新"五个学科方向。其目标是到 2020 年，努力将本学科建设成为立足于东北经济社会发展、为东北振兴和东北亚区域合作做出应有贡献的一流学科。因此，本套丛书旨在为实现这一目标提供更大的平台支持。

二是加快培养中青年骨干教师茁壮成长。目前，本学科已形成包括长江学者特聘教授、国家高层次人才特殊支持计划领军人才、全国先进工作者、"万人计划"教学名师、"万人计划"哲学社会科学领军人才、国务院学位委员会学科评议组成员、全国专业学位研究生教育指导委员会委员、文化名家暨"四个一批"人才、国家"百千万"人才工程入选者、国家级教学名师、全国模范教师、教育部新世纪优秀人才、教育部高等学校教学指导委员会主任委员和委员、国家社会科学基金重大项目首席专家等在内的学科团队。本丛书设学术、青年学者、教材、智库四个子系列，重点出版中青年教师的学术著作，带动他们尽快脱颖而出，力争早日担纲学科建设。

三是在新时代东北全面振兴、全方位振兴中做出更大贡献。面对新形势、新任务、新考验，我们力争提供更多具有原创性的科研成果、具有较大影响的教学改革成果、具有更高决策咨询价值的智库成果。丛书的部分成果为中国智库索引来源智库"辽宁大学东北振兴研究中心"和"辽宁省东北地区面向东北亚区域开放协同创新中心"及省级重点新型智库研究成果，部分成果为国家社会科学基金项目、国家自然科学基金项目、教育部人文社会科学研究项目和其他省部级重点科研项目阶段研究成果，部分成果为财政部"十三五"规划教材，这些为东北振兴提供了有力的理论支撑和智力支持。

这套系列丛书的出版，得到了辽宁大学党委书记周浩波、校长潘一山和中国财经出版传媒集团副总经理吕萍的大力支持。在丛书出版之际，谨向所有关心支持辽宁大学应用经济学建设与发展的各界朋友，向辛勤付出的学科团队成员表示衷心感谢！

林木西

2019 年 10 月

本书以新一轮东北振兴为背景，研究东北地区制造业集群发展面临的新问题与转型的新思路，重点探讨"国企主导型"这一具有东北区域特色的制造业集群的增长与转型问题。本研究从东北地区制造业集群发展的特殊环境入手，着重分析"国企主导"这一地方特色，即集群围绕着核心国企而产生与发展，主导国企的发展决定着集群的形态与发展路径。本书根据产业集群的本质是一种产业组织的特性，引入比较制度分析理论中关于组织变迁与信息结构的相关理论，将国企主导特征进行制度经济学上的提炼，进而构建了一个包含国企主体的增长模型，提出国企主导这一特征可能对制造业集群增长与转型产生的影响，并分析这种影响发挥作用可能的现实机制。在理论模型分析假说的基础上，进一步地结合东北地区国企主导型制造业集群发展的现实情况进行定性分析。结合数据的可得性与代表性，本研究选取沈阳、大连、哈尔滨、长春、齐齐哈尔和吉林六个主要工业城市1998～2017二十年之间的数据进行实证检验。本研究得出以下主要结论：

第一，国企主导特征对东北制造业集群集聚水平呈现出显著的促进效应。本书首先假定由于国企在制造业集群发展初期能够获得政策支持大量吸收资本、劳动力等要素，所以会对产业的集聚起到促进作用。但是随着集群的发展和成熟，可能国企的规模不经济会导致集聚程度的下降。但是东北地区国企对制造业集群集聚水平呈现出显著的正向影响，系数为负的二次项不显著，结合东北地区实情我们给出了两个可能的解释：一方面，大多数东北地区制造业主导国有企业规模较大，并且拥有着许多的子公司和上下游相关企业，随着国企主导程度的不断提高，国有企业在集群中的核心作用愈发明显，会吸引大量的相关产业以及利益相关企业不断集聚，从而提高产业集聚程度；另一方面，东北地区一直存在着"强政府、弱市场"现象，政府对于市场的干预很大程度上通过国有企业来完成，而大部分的政府投资项目也由国有企业来实施，这就使国有企业在地方市场上有着很强的主导作用和决定作用，因此就会有许多企业以主导国企所在位置集聚，使产业集群的集聚程度不断增大。这两种情况都可能使国企规模不经济区间的影响没能得到显现。

第二，国企主导特征对东北地区制造业集群的产值规模呈现出先促进、后抑制的"倒 U 型"作用。本书理论分析假设国企在集群发展期有着较强的大型项目投资能力，并且在与政府协商集群土地使用、基础设施建设上具有一定优势，因此国企的发展会带来集群以产值衡量规模的扩大；随后当国企进入规模不经济阶段时，会通过挤占民营企业生存空间、投资效率低下和政企合谋滋生无效率的非市场行为等机制，抑制集群产值的提升。相关的实证方程一次项系数为正，二次项系数为负，较好地说明了东北地区国企对制造业集群产业规模呈现出"先促进，后抑制"的规律，且目前就制造业总体情况而言，已经处于抑制阶段。

第三，国企主导特征对东北地区制造业集群向资源节约、环境友好方向的转型升级可以起到促进作用。理论模型推导分析，认为国企主导这一特征是否会推进制造业集群转型，一个重要的影响因素是：是否能实现单位产出资源消耗的降低，即国有企业是否能引导制造业集群向着资源节约、环境友好的方向发展。通过东北地区单位工业产出污染与国企工业企业数量相关系数分布地图的定性分析，我们发现国企数量与污染呈现出正向相关，但是正相关程度在减弱。因此我们猜测当前东北地区国企可能正在发挥促进资源节约、环境友好的正向作用，但是总效应的正负仍然不能确定。通过更为严密的污染指数核算与实证分析，发现这种影响也是非线性的：当东北地区制造业集群的国企主导程度在一定范围的时候，确实能够改善制造业集群的资源使用效率，降低环境污染水平，提升绿色生产能力，但当东北地区制造业集群中的国有企业主导程度不断增加，并超过一定值以后，这种国企主导特征反而会对制造业集群的进一步转型升级起到一定程度的抑制作用。

第四，国企主导特征对东北地区制造业集群创新发展具有显著的促进作用，促进作用通过知识溢出与人力资本培育两个机制产生作用。通过实证研究发现，国企主导水平的提高会促进东北地区制造业集群技术创新水平的提升。说明东北地区国企相较于其他企业拥有着雄厚的实力，更愿意投入风险较大的、收入周期长的创新项目，发挥促进区域创新的积极作用。在定性分析中发现，围绕着创新密集的制造业中心城市，创新与国企数量的相关系数有提升的趋势，因此猜测东北地区可能存在着国企通过知识溢出促进制造业集群创新的发展；相似的人力资本的定性分析也发现类似现象，但是不如知识溢出明显。实证研究通过中介模型对这两种机制进行了检验，发现两种机制的中介效应变量都是显著的，说明这两种机制确实存在，并且知识溢出机制发挥的作用要大于人力资本积累，这与第四章定性分析的发现相一致，实证检验支持了本书的相关猜想。

与此同时，研究也提出了东北地区国企主导型制造业集群存在的管理混乱、效率低下和要素错配等负面效应。从正面效应与负面效应两个方面辩证地看待东北地区制造业集群"国企主导"这一区域特征。进一步地，基于研究结论与研究中发现的东北地区国企主导型制造业集群发展存在的问题，本研究提出了推进所有制结构改革、加强对国企产能可持续性的监督管理、保持国有企业对核心技术控制力、优化国企管理体制增强人才吸引力和注重不同类别的制造业集群发展目标差异的政策启示。

本书兼具理论边际创新与现实意义。在理论边际创新方面，通过关于"国企主导"这一特征对东北地区制造业集群发展的影响的研究，丰富了关于所有制结构与集群发展影响因素、国企市场地位与作用等方面的研究。在现实意义方面，国企在东北地区制造业集群中具有举足轻重的地位，通过以主导国企为突破口的集群改革，调整产业之间的资源分配,促进传统制造业向中高端制造业的变化;通过国企改革带动区域产业、企业和科技创新,"国企主导"对新一轮东北振兴与中国制造业发展目标的实现具有重要的现实意义;通过研究"国企主导"对于制造业集群发展的影响,进而有针对性地提出东北地区国有主导型制造业集群的对策建议,这对东北地区经济社会发展也具有很强的现实意义。

目　录

第一章

绪　论

第一节　研究背景

中国共产党第十九次全国人民代表大会报告指出，要加快建设制造强国，大力发展先进制造业，促进我国产业迈向全球产业价值链的中高端。制造业的转型发展，是实现中国制造业发展目标的基础。自 20 世纪初至今，东北地区一直是中国乃至整个东亚地区最为重要的制造业基地，也是世界著名的工业区域（崔万田等，2005[①]；洪俊杰等，2004[②]；杨荫凯等，2016[③]）。要实现中国迈向制造业强国的宏伟目标，拥有雄厚制造业基础、历史上为中国制造业发展做出巨大贡献的东北地区必然是战略中的重要一环。2003 年 10 月，针对东北工业基地发展转型面临的诸多问题，中共中央、国务院发布《关于实施东北地区等老工业基地振兴战略的若干意见》，提出了包括打造现代产业集群，促进制

[①]　崔万田：《中国装备制造业发展研究》，经济管理出版社 2004 年版。

[②]　洪俊杰、刘志强、黄薇：《区域振兴战略与中国工业空间结构变动——对中国工业企业调查数据的实证分析》，载《经济研究》，2004 年第 8 期。

[③]　杨荫凯、刘羽：《东北地区全面振兴的新特点与推进策略》，载《区域经济评论》，2016 年第 9 期。

造业转型升级,推动国有企业改革等一系列重要措施。随着振兴战略实施,东北地区制造业取得快速的发展。随着中国经济进入"新常态",东北地区发展存在的一些问题被暴露出来,东北经济发展面临"断崖式下滑"的挑战。2016 年,在总结上一轮东北振兴经验教训的基础上,《中共中央国务院关于全面振兴东北地区等老工业基地的若干意见》正式印发,标志着新一轮东北振兴战略的正式启动,明确提出了通过产业转型升级激发东北老工业基地发展活力的要求。

当今东北经济进入了对内对外的双重挑战叠加期(林木西,2012[①];和军等,2017[②];许欣,2018[③])。在对内改革上,随着体制机制和结构性矛盾等一系列问题的日趋凸显,东北老工业基地已经逐渐失去了昔日的辉煌,企业设备和技术老化、竞争力下降、就业矛盾突出、源性城市主导产业衰退、营商环境恶劣和生态环境恶化等问题突出导致了经济发展步伐相对缓慢,与沿海发达地区的相对差距扩大。在对外开放层面,随着中美贸易摩擦、贸易保护主义抬头等国际不确定因素的冲击,发达国家加强了对我国制造业产品的出口限制与技术控制,东北地区国际市场面临萎缩风险。要实现东北经济的振兴,需要先振兴东北制造业,就必须建成一批实力雄厚、技术领先、管理科学的制造业产业集群。

整体而言,时至今日,东北地区仍具有良好的制造业发展基础,仍在中国制造业发展中占有重要地位。2017 年,在国民经济行业分类规定的 34 个制造业产品大类中,东北地区的汽车制造业、铁路船舶航空及其他运输设备制造业、专用设备制造业、与石油加工、炼焦和核燃料加工业的工业销售产值分别达到 8421. 36 亿元、1588. 16 亿元、2420. 72 亿元、4069. 26 亿元,占到全国总产值的 11. 99% 、7. 97% 、6. 69% 、

---

① 林木西:《探索东北特色的老工业基地全面振兴道路》,载《辽宁大学学报》(哲学社会科学版),2012 年第 5 期。

② 和军,张紫薇:《新一轮东北振兴战略背景与重点——兼评东北振兴战略实施效果》,载《中国特色社会主义研究》,2017 年第 6 期。

③ 许欣:《东北振兴战略演进轨迹及其未来展望》,载《当代中国史研究》,2018 年第 25 期。

11.86%，位居全国前列，如表 1-1 所示。除此之外，在航空航天、远洋设备、机器人制造等技术含量高、附加值大的制造业领域，东北地区企业无论从生产规模还是产品质量上都处于全国领先水平。以机器人行业为例，沈阳地区的新松机器人自动化股份有限公司是全国最大、技术含量最高的机器人及智能设备研发制造企业之一，是已经成为东北第一、国内一流、世界知名的高端智能装备企业。

表 1-1　　　2017 年全国及东北地区部分制造业部门工业销售产值　单位：亿元

地区	汽车制造业	运输设备制造业	专用设备制造业	石油、核燃料加工业
全国	70225.35	19935.91	36185.03	34304.56
辽宁	2772.60	1012.43	1514.03	2028.99
吉林	5453.56	379.24	632.67	1522.42
黑龙江	195.20	196.49	274.02	517.85
东北	8421.36	1588.16	2420.72	4069.26
占比（%）	11.99	7.97	6.69	11.86

资料来源：《中国工业统计年鉴》（2018），部分数据由笔者计算整理。

与此同时，即使在竞争日趋激烈、贸易摩擦时有发生的国际背景下，东北地区制造业在世界市场竞争中仍然占有一席之地，制造业企业与外国企业联系密切，国际合作频繁。2003 年华晨集团与德国宝马集团正式合作成立华晨宝马汽车有限公司，宝马集团将旗下 BMW 3 系部分汽车生产线布局在沈阳地区，推动了东北地区制造业的发展。东软集团是中国著名的计算机与智能设备制造企业，在 2008 年全球金融危机时，东软集团逆势收购芬兰塞斯卡（Sesca）公司旗下公司、全球领先的音响产品制造商哈曼旗下与汽车导航系统相关业务，实现了东软的海外布局。在沈阳地区形成了企业专属的产业园区，实现了高端制造业的集群化发展。截至 2021 年，东北拥有中国（辽宁）自由贸易试验区和中国（黑龙江）自由贸易区，覆盖沈阳、大连和哈尔滨三个副省级城市与黑河、绥芬河和营口三个地级城市。自贸区的建设为东北地区制造业带来了新的活力，辽宁自贸区出台了如出口退税、证照分离、高新技术企业限时免税等一系列优惠政策，在政策的扶持下，装备制造、汽车及零部件、航空装备等高端制造业集群在自贸区内已经初具规模，并有进一步发展扩大的态势。2021年9月13日，国务院发布关于《东北全面振兴"十四五"实施方案》的批复，东北全面振兴迎来重要节点。

东北地区制造业的发展与国家战略规划与政策制定息息相关，早在"一五"时期东北地区就是国家重要的重工业基地，并取得了辉煌的建设成就。自21世纪初国家提出"东北振兴"战略以来，中央及东北地方政府不断地根据东北经济社会发展的现实情况，及时地出台、执行、调整适合东北经济发展的政策制度，时至今日，已经形成了一个包含结构调整、产业升级、国企改革、民企发展、金融创新、生态环保、人才引进、社会保障等内容，覆盖东北经济社会生活各个方面，拥有完整结构的振兴政策体系，如表1-2所示。按照东北经济发展状况与振兴东北政策的目的，本研究将东北振兴政策的发展主要划分为三个阶段。

表1-2 东北地区振兴部分重要政策文件

发布时间	政策发布方	文件名称
2003.10	中共中央　国务院	《关于实施东北地区等老工业基地振兴战略的若干意见》
2005.06	国务院办公厅	《国务院办公厅关于促进东北老工业基地进一步扩大对外开放的实施意见》
2007.08	国家发展和改革委员会　国务院振兴东北地区等老工业基地领导小组办公室	《东北地区振兴规划》
2009.09	国务院	《国务院关于进一步实施东北地区等老工业基地振兴战略的若干意见》
2012.03	国家发展和改革委员会	《东北振兴"十二五"规划》
2014.08	国务院	《国务院关于近期支持东北振兴若干重大政策举措的意见》

续表

发布时间	政策发布方	文件名称
2015.03	黑龙江省人民政府	《黑龙江省新型城镇化规划（2014~2020年)》
2015.06	吉林省人民政府	《吉林省人民政府关于加快发展生产性服务业促进产业结构调整升级的实施意见》
2015.07	辽宁省人民政府	《辽宁省壮大战略性新兴产业实施方案》
2015.08	辽宁省人民政府	《辽宁省发展民营经济实施方案》
2016.04	国务院	《关于全面振兴东北地区等老工业基地的若干意见》
2016.11	国家发展改革委	《东北振兴"十三五"规划》
2017.03	国务院	《中国（辽宁）自由贸易试验区总体方案》
2019.08	国务院	《中国（黑龙江）自由贸易试验区总体方案》
2021.04	国家发展改革委	《东北全面振兴"十四五"实施方案》

第一阶段，振兴战略启动与全面布局时期（2003~2007年）。这一时期，中国经济建设活动在党的十六大精神指引下展开。此阶段的政策目标主要是针对东北工业面临的困难，以老工业基地转型升级为抓手，推动整个东北区域经济的快速发展。"东北振兴"与"西部大开发""中部崛起"并列为中国中西部发展的国家级重要战略。这期间出台的政策以扶持建立大型制造业企业，规划东北发展方向与格局，优化东北原有工业布局等内容为主。在这一阶段，凭借着政府的大量投入，国有企业产能规模的进一步扩大，东北地区的GDP增速稳定高于全国平均水平，东北地区成为中国经济增长最为迅速的地区。振兴政策中的打造现代制造业集群、推进国有企业改革和加快实施创新驱动等政策为今后东北发展的政策制定奠定了基础，这些政策思想一直被沿用至今。

第二阶段，应对全球经济危机冲击与保持稳定增长阶段（2008~2013年）。这一阶段以世界性金融危机爆发与中国扩大内需保持稳定的经济政策为特征。2008年美国金融危机爆发并迅速波及全球，东北地区的钢铁、石化等大型制造业企业出口额萎缩，PPI指数下降至不景气区间，企业运营开始出现困难。本阶段的政策目标主要是应对国际金融危机对我国制造业的冲击。国家为了稳定经济,出台了以"四万亿"投资为代表的投资振兴计划,在东北开展了多项大型基础设施建设工程。虽然"四万亿"投资对于经济的整体影响问题仍在学术界有所争论,但是东北地区制造业在国家的政策扶持下,平稳地度过了世界经济危机的冲击,将出口额萎缩的危害降至最低。

第三阶段,供给侧结构性改革与新一轮东北振兴阶段(2014~2018年)。随着中国经济进入新常态,东北经济中原有的粗放式经营、市场体制改革不完善、工业企业盲目扩张等问题逐渐暴露,东北经济面临挑战与困难。这一阶段以东北地区出现了经济增长"断崖式"下降与经济增速开始低于全国平均水平的现象为标志,如图1-1所示。在国际国内产业新一轮转型升级的背景下,东北制造业企业出现了严重的产能过剩,加之原材料与用工价格的上涨,东北大型制造业企业成本急剧攀升,现金流出现断裂。这一背景下,国家从宏观战略出发,以"三区一降一补"为总要求,开展了供给侧结构性改革,旨在改变东北地区落后的组织结构、产业结构与所有制结构,从根本上优化东北经济,促进东北老工业基地的转型升级。时至今日,东北地区经济已经出现企稳向好状况,但是部分地区增速仍然低于全国平均水平,东北经济发展的问题有待进一步解决。

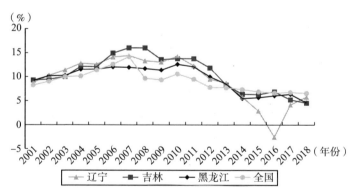

图1-1 东北三省GDP增速与全国水平比较(2001~2018)

资料来源:《中国统计年鉴》(2002~2019)。

长期以来,国有企业都构成了东北三省制造业发展基础的主体部分，以主导国企为核心，东北形成了诸多制造业集群，东北地区制造业集群发展带有明显的"国企主导"区域特色（林木西，2003①；魏后凯等，2009②；林毅夫等，2017③；和军等，2017④）。特别是在近些年东北经济下行的环境下，民间投资和外资利用规模出现萎缩的情况下，国有企业对维持制造业稳定发展起到了重要的作用。国有企业投资的长期性与社会性也促进了东北基础设施状况与人民生活水平的改善，间接地提升了制造业的发展潜力。

如图1-2所示，在绝对规模上，2006～2015年辽宁省国企投资额从271.52亿元增长至顶峰时的1251.73亿元，近几年虽然有所下滑，但是在十年间仍然增长了3.02倍；吉林省国企投资总额从83.02亿元增长至436.46亿元，十年间增长了5.26倍；黑龙江省国企投资总额从119.63亿元增至499.99亿元，十年期间涨幅达到4.18倍。

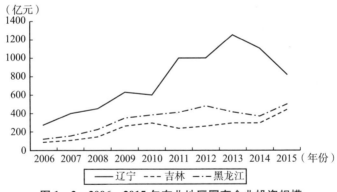

图1-2 2006～2015年东北地区国有企业投资规模

资料来源：《中国国有资产监督管理年鉴》（2007～2016）。

---

① 林木西：《振兴东北老工业基地的理性思考与战略抉择》，载《经济学动态》，2003年第10期。

② 魏后凯、刘长会、吴力学：《中国产业集群发展现状及特征》，载《经济研究参考》，2009年第3期。

③ 林毅夫、付才辉：《基于新结构经济学视角的吉林振兴发展研究——《吉林报告》分析思路、工具方法与政策方案》，载《社会科学辑刊》，2017年第6期。

④ 和军，张紫薇：《新一轮东北振兴战略背景与重点——兼评东北振兴战略实施效果》，载《中国特色社会主义研究》，2017年第6期。

如图 1-3 所示，在相对规模上，2007～2016 年之间，尽管东北地区国有及国有控股工业企业产值占工业总产值的比重总体水平有所下降，但是制造业"国企主导"特征依然十分明显：东北地区国有及国有控股工业企业产值占工业总产值的比重均高于全国平均水平和东部地区平均水平。特别是在 2013 年经济下行压力开始显现后，东北地区国企产值占比开始回升，截至 2016 年，东北地区国有及国有控股工业企业产值占工业总产值比重达到 39.62%，远远高于全国平均水平的 20.90%。

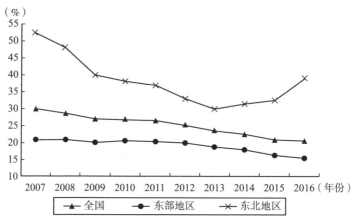

图 1-3　2007～2016 年全国、东北、东部国有及国有控股
工业企业产值占工业总产值的比重

资料来源：《中国工业统计年鉴》（2008～2017）。

第二节　研究的目的与意义

一、研究目的

自 2003 年东北振兴战略提出以来，打造一批具有竞争力的制造业集群一直是东北老工业基地发展的重要目标。与此同时，国有企业一直是东北制造业的"主力军",制造业国企对于东北地区集群的发展具有极为重要作用,东北地区制造业集群发展也有着深厚的国企烙印。在此背景下,研究的视角集中于讨论国企在制造业集群发展中的作用,探索"国企主导"这一特征对于东北制造业集群增长与转型的特殊影响与作用机制。因此,希望通过研究,从经济学实证研究和规范研究两个角度,回答以下几个问题。

从实证研究角度:首先,"国企主导"这一特征是否会对制造业集群发展产生影响?其次,如果"国企主导"特征能对制造业集群的发展产生影响,那么这种影响的效应是怎样的?最后,影响的具体作用机制是什么?

为了回答这三个问题,本书分别进行了三方面的研究:第一,国企主导特征对于制造业集群增长效应的分析,主要研究国企主导是否会促进制造业集群产值的增长或者空间上的集聚。第二,国企主导特征对于制造业集群转型升级效应的分析,选取绿色发展与创新发展两个最具代表性的转型表现,分析国企主导程度会对集群这两方面产生怎样的影响。第三,国企对集群增长与转型具体机制的分析。通过理论模型与东北现实情况的分析,从实现层面说明国企主导对集群增长与转型发展产生作用的具体机制。

从规范研究角度:如何发挥"国企主导"对东北制造业集群发展的促进作用,规避"国企主导"的弊端?东北地区今后"国企主导"型制造业集群的发展应该是怎样的?在定性与定量结合的实证研究的基础上,针对以上问题给出了相关的对策建议与政策启示。

二、研究意义

本书主要的理论意义和现实意义如下:

在理论意义层面,产业集群发展与变迁的影响因素一直是区域经济学、产业经济学和经济地理学研究的重点内容。关于制造业集群发展的影响因素中,所有制结构的问题已经受到了学者的关注,也有学者探讨了所有制结构对区域经济发展的影响（详细的研究情况梳理见"第二章文献综述"）。关于所有制影响集群发展的具体机制仍然有待于进一步梳理与分析。

与此同时，现有研究关于国有企业的探讨一般集中于个体企业效率和企业行为的分析，这种评价视角更趋向微观；也有从宏观上讨论所有制结构与经济体发展的相关文献。从微观机制到宏观效果之间的机制需要更多的分析和说明，国有企业对中观经济（区域、产业）层面的影响的研究有待进一步丰富与完善。

因此，选取东北地区制造业集群这一所有制特征突出的样本，系统地分析国有企业主导结构对集群规模、集聚效应以及集群创新等集群增长和转型方面的问题，有利于丰富现有关于所有制对集群发展影响的理论研究。

在现实意义层面，目前东北地区制造业正处于由结构失衡到优化再平衡的过渡阶段。转型需要走出资源错配、体制机制僵化和创新能力不足的困境（杨东亮等，2015[①]；许欣，2017[②]；陈耀，2017[③]）。如何选择东北地区制造业集群的转型路径成为关键环节。国企在东北地区制造业集群中具有举足轻重的地位，通过以主导国企为突破口的集群改革，调整产业之间的资源分配，促进传统制造业向中高端制造业的变化，通过国企改革带动区域产业、企业和科技创新，对新一轮东北振兴与中国制造业发展目标的实现具有重要的现实意义。通过研究国企主导对于制造业集群发展的影响，进而有针对性地提出东北地区国有主导型制造业集群的对策建议，对东北地区经济社会发展具有很强的现实意义。进一步地，研究具有一定的普遍性，关于东北地区国企主导型制造业集群的研究，对于任何一个国有企业占比较大、需要转型升级的行业与地区发展的研究都具有一定的参考意义。

---

① 杨东亮，赵振全：《东北经济失速的投资性根源》，载《东北亚论坛》，2015 年第 24 期。
② 许欣：《东北振兴战略演进轨迹及其未来展望》，载《改革》，2017 年第 12 期。
③ 陈耀：《新一轮东北振兴战略要思考的几个关键问题》，载《经济纵横》，2017 年第 1 期。

第三节　研 究 方 法

以研究国企主导特征对东北地区制造业集群发展的影响为主线，技术路线如图 1-4 所示。

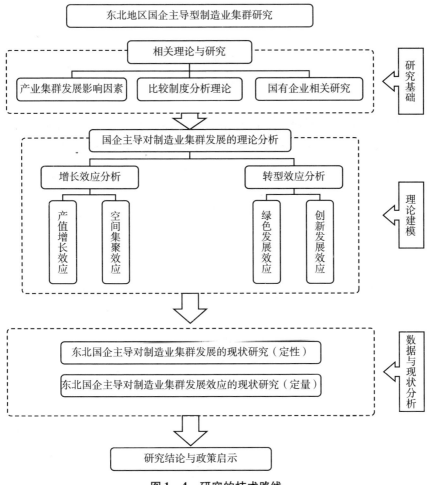

图 1-4　研究的技术路线

第四节　主要内容

根据研究内容与技术路线图所指示的思路，本书采用"理论建模（理论假说）—现实情况（定性分析）—计量分析（定量检验）—规范研究（政策启示）"的行文思路，将主要内容分为七章，每一章节根据研究需要分为若干小节。

第一章为绪论。本章介绍了东北地区制造业转型升级的研究背景，并指出了研究国企主导区域特征对制造业集群发展的现实意义。基于研究目的，提出技术路线和主要内容，进而对可能的创新和不足之处进行总结。

第二章为文献综述。本章对相关理论和前期研究进行了梳理和总结，进而提出针对现有文献的扩展与丰富之处，并且提出研究的出发点。首先严格定义了研究对象——制造业集群，进而对制造业集群发展的影响因素、国企与制造业集群发展等相关研究进行文献综述。其次从产业集群本质是一种产业组织这一角度出发，引入分析组织变迁的比较制度分析理论，本章也介绍了该理论的相关内容以及应用该理论分析产业集群的优势。最后是对现有研究的评述与出发点的阐释。

第三章为国企主导与东北地区制造业集群发展理论分析。首先引入比较制度分析理论中关于信息结构的概念，指出国企主导型集群信息结构上的本质特征是纵向的层级分解，并根据制造业现实工艺的不同进一步将国企主导型集群分为上游、中游和下游国企主导型集群。其次，基于集群特征与分类建立一个关于国企主导与集群增长和转型的数理模型，提出国企主导可能对制造业集群增长与转型产生的效应假说。最后，从理论模型角度分析不同类型国企主导型制造业集群发展转型的目标。本章为下文东北地区现实情况的定性分析与实证研究提供了理论依据。

第四章为东北地区国企主导型制造业集群发展现状分析。根据东北地区实际情况与发展中面临的问题，在对东北地区国企主导型制造业集群发展基本条件进行指标化评估的基础上，展示了国企主导程度与东北地区集群增长、空间集聚、环境污染和技术创新方面可能存在的关联。进一步地提出针对东北地区国企主导对制造业集群增长和转型影响的定性结论，为实证验证提出现实依据。

第五章为东北地区国企主导型制造业集群增长与集聚效应研究。结合第三章的理论模型与第四章的东北现实情况，出于数据的可得性与代表性，选取沈阳、大连、长春、吉林、哈尔滨和齐齐哈尔六个东北主要制造业聚集城市 20 年的数据进行实证分析。本章从两方面探讨国企主导这一特征对东北制造业集群增长的影响。一是关于国企主导对制造业集群空间集聚影响先促进、后抑制的"倒 U 型"模式的检验；二是关于国企主导型对制造业集群产值增长的"倒 U 型"假说的影响。

第六章为东北地区国企主导型制造业集群绿色与创新转型效应实证研究。与第五章选取数据一致，本章根据东北实际情况研究中发现的问题，重点讨论国企主导对于东北制造业集群绿色发展和创新发展的影响，并对可能的具体影响机制进行了中介效应检验。

第七章为研究结论与政策启示。在理论假说大多数得到验证，未得到验证的部分详细分析可能原因的基础上，本章提出了发挥国企对东北制造业集群发展积极影响的政策启示与对策建议。最后根据研究提出了今后可能的研究方向与展望。

第五节　研究创新与不足之处

一、研究的创新之处

研究的创新之处主要体现在以下三点：

第一，在传统集群理论中，集群形成往往是一种以中小企业为主的、面向市场机制的、具有经济外部性的空间集聚现象，当然也可以看成一个特殊的增长组织。国有企业在中国特色的市场经济中占有特殊地位，国企主导的制造业集群可能与完全由中小型企业集聚形成的集群存在显著的差异。引入比较制度分析这一在研究组织变迁领域具有一定优势的理论，进行关于国企主导特征对东北制造业集群的影响的研究，可以丰富关于国企主导这一中国特色集群类型的研究与认识。

第二，现有研究关于国企效率的探讨一般集中在个体效应与企业行为方面，这是从微观层面探讨国企对经济发展的效应。与此同时，也有研究从宏观层面讨论所有制对经济增长的影响。但是从微观企业行为到宏观影响需要一个中间的作用机制，这就是对区域、产业等中观经济的影响。通过国企主导对制造业集群增长与转型的研究，丰富关于国企对于区域与产业经济效应的研究。

第三，东北地区"国企主导"的产业集群特征已经被广泛地认可和接受，也有关于国企在东北振兴中作用的研究。但是在经济理论层面，"国企主导"到底意味着什么，"国企主导"的经济学本质是什么，这一特征将对集群产生怎样的影响？这些问题在之前学者的研究中都有或多或少的涉及，但是针对国企主导对东北产业集群发展这一问题，始终缺乏一个统一的理论框架与系统的总结。本书专门研究"国企主导"这一特征对于制造业集群发展的影响，为系统梳理东北地区国企主导这一区域经济特征的影响提供一个可能的新视角。

二、研究的不足之处

本书研究"国企主导"这一特征对东北地区制造业集群增长与转型可能存在的影响以及影响发挥作用的机制，进行从理论假说到实证检验的经济学研究，根据研究结论提出有针对性的政策启示。虽然本书已经尽可能地对这一问题进行了深层次的分析，但仍存在以下不足之处：

在探讨东北地区国企主导型制造业集群情况时，将东北地区视为一个整体，重视其自然资源丰富、工业基础雄厚、制造业在经济区域经济发展中处于主导地位、多数制造业集群发展与国企关系密切的共性因素，但是实际上三省情况也存在差异。辽宁省情况相较于其他两省有所不同，辽宁曾经是中国经济增长最为迅速的地区，发展情况在东北三省中最好，同时转型升级遭受阻力也最大；而吉林、黑龙江很多地区社会经济发展水平相较于辽宁差距甚远，正处于加速发展期，其制造业集群发展面临的问题可能也不尽相同。另外，按照供应链分工体系将国企主导型制造业集群分为上游（原料、初级产品）国企主导型、中游（中间产品、机器设备）国企主导型与下游（最终产品）国企主导型，并按照这一分类构建模型。但是在实际问题分析中，选取不同制造业集群的案例进行分析时，案例选取更偏向于技术、资本密集型的现代制造业部门，由于具体制造业行业的差异性问题，结论很难匹配每一细分行业的集群发展状况。

第二章

文 献 综 述

本书的研究目的是探讨"国企主导"这种集群特征对东北地区制造业集群发展的影响，本质上是对集群发展影响因素与作用机制的探讨。首先，产业集群发展因素的探讨一直是产业经济学、经济地理学和区域经济学等学科关注的重点问题。关于产业集群发展的影响因素，无论是相关经济学的经典研究，还是经济地理、社会学等交叉学科提供的前沿思路，都作为研究的前期基础需要被回顾与借鉴。其次，核心关注的焦点集中于"国企主导"，即国企在制造业集群中的地位和作用。国企在中国经济发展中的作用是备受经济学界关注的特色问题，本章集中整理了关于国企在产业集群和制造业发展中的研究，使关于国企特征的讨论建立在对现有研究的丰富与扩展之上。再次，讨论"国企主导型"对制造业集群发展的影响不是泛泛的讨论，而是需要建立在一个严密的逻辑框架下。比较制度分析是近二十年来新制度经济学的重要流派，其关于组织形态内生、信息与交易成本的研究为解释集群这一产业组织形态提供了十分有益的借鉴。本章以比较制度分析关于组织信息结构的理论为基础，对国企主导型制造业集群的特征加以解释，并在文献中将对比较制度分析理论的基本内容，应用于这一理论的原因与优势加以解释。最后，是对现有研究的脉络梳理与评述，并针对现有研究的不足之处与需要扩展的领域，提出研究的出发点。

为了对当前关于产业集群与国有企业相关问题的文献形成更为科学

系统的整理，并在现有研究的基础上对研究的出发点进行阐释，利用 Citespace 文献计量分析软件和 Web of Science 数据库（包含 SCI/SSCI 文献）对现有文献进行聚类分析、共词分析等，绘制知识图谱来识别出研究热点议题、知识基础和前沿动向等。基于 Web of Science 核心数据库进行文献检索，主题词设置为产业集聚（industrial agglomeration）或者产业区（industrial district/zone）或者产业集群（industrial cluster），将文献跨度设置为 1990 ~ 2019 年，并进一步在检索结果中精简含有制造业（manufacturing）主题词的文献，共获取文献 3327 篇，搜索含有中国（China）和国有企业（State-owned enterprise/SOE）主题的文献，共获取文献 247 篇。利用 Citespace 软件绘制出关键词共现知识图谱，来识别目前国外研究热点、路径和前沿。

首先，研究热点识别可以看到创新（857 次）、产业集群（661 次）、技术（312 次）、增长（275 次）等是出现频数最多的关键词，除此之外的一些高频关键词还包括：产业区（industrial park）、网络（network）、集群生命周期（cluster life cycles）、政府（government）、政策（policy）和软约束（soft budget constraint）等。

其次，研究路径梳理，基于关键词出现频数以及共现网络，研究国有企业与制造业集群发展的英文文献可以归纳为三条关键路径：第一是"产业集群—集群布局影响因素—地方政府作用以及相关政策"研究路径，第二是"产业集群—集群生命周期—研究与发展（R&D）投入以及技术学习转变"研究路径，第三是"产业集群—集群企业合作—企业网络"研究路径。

最后，结合文献计量分析软件的结果与研究的逻辑，本章对现有研究的梳理内容安排如下：一是严格界定涉及的重要基础概念；二是总结关于制造业集群发展的影响因素；三是梳理国有企业在制造业或产业集群中的作用；四是结合研究方法，对比较制度分析的内容进行介绍与分析；五是提出现有研究的评述与研究的出发点。与此同时，针对研究对象东北地区的区域特色，每一部分的文献综述都会专门梳理东北地区的相关研究。

第一节　研究涉及的重要概念界定

一、产业集群

在关于产业集群理论的梳理中提到，学者从不同角度出发，对产业集群形成了不同的理解，因此产业集群的定义也有所差别，但是内涵整体相近。目前受学术界认可关于产业集群的概念来自迈克尔·波特（Michael Porter）提出的"Industrial Cluster"，沿用这一概念的定义为：产业集群是指在某一区域内集中的，以市场相关活动为基础，具有竞争合作关系的企业、政府及其他机构（研发机构、高校、社会组织）构成的经济组织形式，处于连接微观企业与宏观经济的中间层级。结合本书研究，主要说明产业集群定义的以下三个内涵：

第一，产业集群的区域性。产业集群首先是一个空间上的概念，产业集群起源于"产业集聚"，即企业在地理位置分布上的接近（王缉慈，2003[①]；赵强等，2009）。因此，产业集群一定是在特定的空间范围内存在的，产业集群是区域经济框架内的生产组织，产业集群是区域经济发展的重要动力。

第二，产业集群的关联性。并不是所有在地理距离上相近的主体集都可以成为产业集群，产业集群中的主体必须存在关联性，竞争与合作是这种关联性的主要表现形式。竞争是指集群内各企业之间为占据更多市场，提升自身在竞争中的生存能力所采取的技术研发、升级服务与优化管理等活动（黄桂田，2012[②]；黄慧群，2016）。合作是指工艺处于

---

① 王缉慈：《我国制造业集群分布现状及其发展特征》，载《地域研究与开发》，2003 年第 12 期。

② 黄桂田：《产业组织理论》，北京大学出版社 2012 年版。

上下游或有关的各主体在产品开发、基础设施共用、市场资源共享等方面的联合行动。

第三，产业集群的主体多元性。企业是产业集群构成的主要微观单位，但是产业集群并非仅仅是由企业构成，政府作为政策区域管理者、研发机构作为技术创造者、居民作为人力资本与市场提供者，都在产业集群中扮演重要角色（王缉慈，2016[①]）。

此外，即使是企业主体也存在着多种细分，在一个产业集群中，必定存在与产业相关的直接生产性企业（工厂）、管理性企业（如公司总部、研发中心）和服务型企业（如金融机构、咨询机构等）。因此，产业集群并非简单的"企业"集群，其发展是多元主体作用的共同结果。

二、制造业集群

制造业是指企业按照市场要求，组织劳动力、资源、能源、设备等生产要素，通过制造过程，将原料转化为可利用的机械、工业品与生活消费产品的行业。制造业在国民经济中处于重要地位，是一国生产力水平的直接体现。制造业企业行为包括产品研发、制造、组装、原料采购、销售等。目前主要的制造业分类法有联合国产业分类法、三次产业分类法、资源密集型产业分类法和产业发展状态分类法四种（王缉慈等，2003[②]；卢福才等，2013[③]），其分类所产生的制造业范围也各有区别。结合中国实际情况，制造业概念采用《国民经济行业分类》（2017）标准，包括农产品加工业、食品加工业、纺织业、装备制造业、医药制造业等31个大类、191个种类、525个小类。以《国民经济行业分类》定义的制造业企业空间集聚所形成的集群，是目前关于中国

---

① 王缉慈：《超越集群——中国产业集群的理论探索》，科学技术出版社2016年版。
② 王缉慈：《我国制造业集群分布现状及其发展特征》，载《地域研究与开发》，2003年第12期。
③ 卢福才、吴昌南：《产业经济学》，复旦大学出版社2013年版。

制造业集群的研究中常见的主流定义方式（李凯，2005[①]；阮建清等，2010[②]；吕国庆等；2014[③]；李林山，2016）。

根据产业集群和制造业的概念，结合研究目的，将制造业集群定义为在特定区域内，从事与制造业相关市场活动（包括研发、生产、运输与销售）的企业、政府以及其他社会组织构成的具有经济关联的集合，呈现出复杂性的特征（唐勇等，2005；吴先华等，2008[④]；刘超等；2013[⑤]；韩春花等，2019）。下文如不特殊说明，本书研究中所有的制造业集群都是按此概念定义的。制造业集群符合产业集群的内涵，本书认为制造业集群既具有产业集群的共性，也具有以下几个特征：

第一，产业集群集中度高（黄桂田，2012[⑥]；卢福才等，2013[⑦]）。与其他产业相比，制造业企业尤其是技术含量较高的制造业企业，对产业集群所在地的条件要求较苛刻。例如装备制造业集群必须坐落于基础设施发达的大城市附近，而小型城市无论从资源还是生产条件上都很难承载大型装备制造业集群。因此，集群内往往会聚集更多的企业，且随着集群的发展，集群内的企业数目增加，从而造成行业集中度的进一步提升。

第二，集群内主体联系复杂（李建等，2007[⑧]；陈莞等，2007[⑨]；

① 李凯、李世杰：《装备制造业集群耦合结构：一个产业集群研究的新视角》，载《中国工业经济》，2005年第12期。

② 阮建清、张晓波、卫龙宝：《危机与制造业产业集群的质量升级——基于浙江产业集群的研究》，载《管理世界》，2010年第2期。

③ 吕国庆、曾刚、马双、刘刚：《产业集群创新网络的演化分析——以东营市石油装备制造业为例》，载《科学学研究》，2014年第9期。

④ 吴先华、郭际、胡汉辉：《复杂性理论和网络分析方法在产业集群创新能力问题中的应用——基于江苏省三个产业集群的实证研究》，载《科学学与科学技术管理》，2008年第4期。

⑤ 刘超、李大龙：《基于复杂性理论的金融产业集聚演化动因研究》，载《当代经济研究》，2013年第5期。

⑥ 黄桂田：《产业组织理论》，北京大学出版社2012年版。

⑦ 卢福才、吴昌南：《产业经济学》，复旦大学出版社2013年版。

⑧ 李建，金占明：《复杂性理论与产业集群发展》，载《科学学研究》，2007年第12期。

⑨ 陈莞、陈国宏：《基于元胞自动机模型的产业集群规模演化初探》，载《中国管理科学》，2007年第2期。

吴松强等, 2017; 韩春花等, 2019）。制造业集群内的各主体关系并非简单的工序合作与市场竞争, 现实中往往呈现出更为复杂的特征。比如, 同质性企业之间也会形成行业联盟从而占据更多的市场话语权, 甚至会出现行业内部寡头合并形成垄断的现象; 科研机构很可能与多家企业合作进行共同研发, 研究成果会为整个集群共享; 政府政策影响并非简单外生的, 有些地方为吸引某一集群落户而改变当地现有政策, 如提供更为优惠的税收, 签订就业补偿协议等。

第三, 集群新陈代谢速度较慢。根据集群生命周期理论, 产业集群的新陈代谢是指集群内新兴企业的诞生和落后产能的淘汰（陈剑锋等, 2003[①]; 蔡宁等, 2003[②]; 王炳成, 2011[③]）。一方面, 制造业企业往往是资本密集型企业, 生产投资大、门槛高, 所以能够进入制造业集群的企业数量较少; 另一方面, 制造业企业技术含量较高, 研发周期长、失败风险大, 一旦研发成功垄断优势短期内很难被打破。正是因为以上两点原因, 制造业集群企业的进入退出速率都较其他产业集群更缓慢。

第二节　产业集群相关理论

产业集群理论在较早进行第一次、第二次工业革命的西方国家产生, 19 世纪末, 马歇尔（Marshall）在亚当·斯密（Adam Smith）提出的劳动分工理论的基础上, 结合当时广泛出现的小规模企业空间聚集现象, 在其著作《经济学原理》[④]中提出了"产业区"这一概念, 这也是最早的产业集群概念之一。阿尔弗雷德·韦伯（Alfred Weber）在 1909

① 陈剑锋、万君康:《产业集群中技术创新集群的生命周期研究》, 载《武汉理工大学学报》（信息与管理工程版）, 2003 年第 10 期。

② 蔡宁、杨闩柱、吴结兵:《企业集群风险的研究: 一个基于网络的视角》, 载《中国工业经济》, 2003 年第 4 期。

③ 王炳成:《企业生命周期研究述评》, 载《技术经济与管理研究》, 2011 年第 10 期。

④ 马歇尔:《经济学原理》, 章洞易译, 北京联合出版公司 2015 年版。

年发表的《工业区位论》① 中较早讨论产业集群及其相关问题，他以成本最小化为出发点，认为运输费用、劳动力费用、集聚费用决定了工业区位，为后续研究产业集群提供了一系列基础性研究。市场随着二战结束后西方经济复苏进程加快与国际贸易快速发展，勒施（August Losch）、费农（Raymond Vernon）等该时期的经济学家将消费、产品周期、国际贸易和市场信息等市场因素引入对产业集群发展的探讨，使得产业集群研究取得重要进展。法国经济学家帕鲁（Francois Perrow）于20世纪50年代打破新古典经济学的均衡假说，提出了增长极理论。

在现代产业集群理论研究中，随着组织理论、国家竞争力理论、创新理论乃至社会关系网络等交叉学科理论被引入到经济研究范畴，产业集群理论研究水平也被带动与提升，向着多元化、深度化和复杂化的方向发展。迈克尔·波特（Michael Porter，1990）在《国家竞争理论》②中，正式提出完整的"产业集群"概念，并认为产业在地理空间上的集中可以在更高效率的水平上提升生产要素活力，产业集群发展是国家竞争力增长的重要体现。受熊彼特（Joseph Alois Schumpeter，1911）③提出的创新理论影响，多位学者将创新作为重要因素引入至产业集群发展中。克鲁格曼（Paul R. Krugman）、藤田久昌（Fujta Masahisa）等新经济地理学派的经济学者，通过严密的数理模型分析区域内产业集聚的原理，强调工业生产活动具有集中性的特征，当集聚发生后，这种集中趋势会一直延续下去，并且根据具体工业部门不同，产业空间布局存在多种模式。学科交叉为产业集群研究注入活力，出现了许多关于产业集群发展的前沿性理论，例如运用生态学中的"共生性"理论研究产业集群；结合社会学相关理论，从社会关系网络与企业关系网络入手，探讨产业集群的内在逻辑等。

---

① 阿尔弗雷德·韦伯：《工业区位论》，李刚剑译，商务印书馆2010年版。
② 迈克尔·波特：《国家竞争理论》，李明轩等译，中信出版社2012年版。
③ 熊彼特：《经济发展理论》，郭武阳等译，华夏出版社2015年版。

一、产业集群发展的影响因素

产业集群发展的影响因素，即什么因素使得企业在一定空间内集聚，这些影响因素是怎样发挥作用的？这些问题是产业经济学和经济地理学持续讨论的经典问题。外国学者较早地展开了关于制造业集群发展的影响因素讨论。产业集群发展最初的动因是产业规模扩大所带来的规模经济与企业合作，尤其强调地理距离缩短所带来的成本降低（Alfred. Weber，1909）。此后多位学者都通过不同国家、不同类型产业集群的实际情况为这一结论提供了证据，例如古利亚尼（Gulyani，2001）通过对印度汽车制造业集群的实例研究，也证明了运费降低促使集群发展这一结论；加里福利（Garfoli，2001）通过研究发达国家的产业集群发现，在企业聚集的初始阶段，聚集的原因往往是该地区有着一定生产优势，随着企业数量的不断增加，各个企业之间联系日益密切，产业集群也就随之成熟。

克鲁格曼（1991）在进行新经济地理研究时指出，当前影响西方发达国家产业聚集的因素不仅限于自然条件，更多的是企业关系等社会条件。在克鲁格曼企业关系理论的基础上，乌兹（Uzzi，1997）提出了"关键公司"理论，所谓关键公司是指拥有较强技术实力与生产能力，能够带动行业发展的企业，这些企业为产业集群形成提供了核心动力。福托普洛斯等（Fotopoulos et al.，2001）研究了制造业集群内部企业后发现，在产业集群内部，部分企业会逐渐扩大规模甚至影响集群发展，而也有部分企业会逐渐衰退直到退出集群。

关于技术因素与制造业集群的发展关系问题，波特（Porter，1998）认为产业集聚可以促进产业间的创新能力和信息共享意识，从而导致整个产业的效率提升，正式将技术创新作为产业集群发展的影响因素进行讨论。沿着内生增长理论，一些学者认为技术创新对制造业集群发展有着极大的促进作用，产业集聚产生的技术溢出以及企业间的相互作用可以促进地区经济的增长，同时经济发展基础也是影响制造业发展的重要条件（Jun Koo，2005；Roach et al.，2013）。拉泽尔松和洛伦佐尼（Lazerson & Lorenzoni，1999）通过对意大利制造业集群的研究说明，大公司的技术外溢是产业集群产生的直接原因。阿霍坎加（Ahokanga，1999）等将制造业集群分为了起源、趋同和成熟三个阶段，提出技术的更新换代是集群各阶段转化的关键性因素。类似地，蓬（Poon，2004）从产业升级角度对制造业集群进行研究，认为制造商应该由生产低附加值产品向高附加值商品转变，其中技术创新是促成这种转型的最重要因素。也有中国学者以中国浙江乡镇纺织业集群的案例，证明了中国的制造业集群内企业之间存在着高频率与高强度的知识溢出（Zhang et al.，2011）。最新的一项运用美国马里兰州工业企业数据的研究发现，制造业集群对企业创新有显著的正向影响，但是存在明显的行业异质性（Fang，2019）。

　　政府政策等因素也是影响制造业集群发展的重要原因。博阿里（Boari，2001）在以意大利包装机器制造业集群为对象的研究中，引入政府政策要素，认为财政扶持是这类集群产生和发展的原因之一。奥特苏卡等（Otsuka et al.，2011）较为系统地研究了包括亚洲与非洲19个国家在内的多种产业集群的发展因素，肯定了政策因素在新兴集群的发展中起到的积极作用。随着技术创新成为产业集群发展的研究热点，政府在集群创新中的作用引起了国际学者的广泛关注。一种观点是早期的理论认为企业创新源于学术机构的基础性研究，政府投资的公共研究独立且领先于企业创新行为，即公共研究与企业创新呈现出一种单向线性关系（Vann，1945）。另一种观点认为政府政策与企业创新之间的关系是双向互动的复杂过程，公共研究有时会引领企业技术创新，企业解决现实需求进行的研发也会为公共研究提供灵感与现实案例（Nelson，1986）。更多企业层面数据与计量技术的发展使得定性分析政府在集群创新行为中的作用成为可能，阿加瓦尔等（Agarwal et al.，2015）的实证研究支持了双向影响的相关观点，认为公共研发每增加1个标准差，美国工业企业的专利数量会提高0.3%，并且企业发展的需求也会提升政府的研发投入，但是这种影响在不同地区的显著性不同。关于政府政策的影响近年来最多的讨论来自中国，后续的文献评述将会更为详细的梳理这方面的研究。

经济全球化背景下，国际贸易也成为影响制造业集群发展的重要因素。黑德（Head，1995）从企业国际直接投资（Foreign Direct Investment，以下统称 FDI）行为切入，讨论国际贸易因素与制造业集群发展之间的关系，认为 FDI 对制造业集群化具有正向影响，此后一些学者也得出了相似结论（Thompson，2002；Barrell & Pain，1999）。约翰·贝金等（John Beghin et al.，2010）研究得出，制造业贸易全球化是制造业实现可持续发展的必要条件，贸易全球化可以让制造业分工更加细致，推进优势互补，提高效率，从而降低环境污染程度，环境条件的改善与制造业集群的发展存在双向因果关系。但是外资与集群发展之间的关系问题尚未形成定论，穆德拉贾德和萨里（Mudrajad & Sari，2009）利用爪哇地区制造业数据进行此类研究时，得出了 FDI 对制造业集群发展影响不显著的结论，这说明影响集群发展的因素存在地区差异性。巴特尔特（Bathelt et al.，2014）将网络视角应用到集群间的贸易联系上，提出了"全球集群网络理论"，认为当前世界的一些集群中已经形成了以产业链和价值链为引导的集群网络。陆等（Lu et al.，2016）运用中国六个城市数据，从全要素生产率视角发现外向型特征更为明显的制造业集群，一般拥有较高的技术水平，并且其全要素生产率的进步更多地依赖纯技术进步。

近年来中国制造业高速发展引起国际学者的注意，探讨中国制造业集群发展因素的研究常见于国际文献中。王缉慈（1982）[①] 较早地关注了中国制造业企业聚集与企业空间定位选择的问题，并且后续将国际产业集群理论引入到关于中国的相关研究中（1989；1998）。何（He，2008）通过研究到中国投资的外国制造业发现，资木和技术密集型产业以及具有很强产业内关联的地区更容易吸引投资。赫里格尔（Herrigel

---

[①] 王缉慈：《试述我国石油化纤基地的布局与选址问题》，载《经济地理》，1982 年第 10 期。

et al.，2013）研究了中国制造业升级问题，认为那是一个从单方面学习向交互学习转化的过程。魏（Wei，2012）认为东北地区是我国重要的老工业基地，依托雄厚基础的制造业成为支柱产业，在生产中发挥着重要作用。李（Li，2017）认为作为区域经济竞争力的代表，东北地区制造业应继续发挥区域经济增长、推进新能源载体的作用，转型已成为必然的选择。与此同时，也有学者以家具制造业为例，认为中国传统工业集群的资源优势与人力优势正在逐步消失，面临着东南亚制造业崛起的威胁，传统制造业集群有萎缩甚至崩溃的风险（Yang et al.，2012）。

国内对于制造业产业发展变化的影响因素研究已经较为全面，方法和理论也较为成熟，对于制造业发展的影响因素的探讨，国内的研究可以分为微观、中观与宏观三个层面。在制造业发展与经济增长关系研究的微观层面，学者注重探讨企业行为选择如何最终形成了产业集群。方茜等（2006）[①] 对四川省制造业企业行为与当地经济的基础关系进行了实证分析，该文章对制造业带动经济发展的作用进行了理论分析，论证了制造业在经济增长中的重要地位，随后利用投入产出的方法量化分析了制造业促进经济增长的作用。研究认为：经济基础情况在制造业集群增长与产业的相互作用中占有主要地位，并且四川省经济增长有很大一部分由制造业拉动，并且其拉动作用越来越明显。程东东（2015）[②] 通过对江苏省制造业的研究，从制造业结构合理化和高级化方面进行了分析，同时研究了制造业结构优化与经济增长的因果关系，研究发现经济增长与制造业结构外在高级化相关，与内在高级化不相关。代碧波（2009）[③] 认为黑龙江省的主导产业是装备制造业，但其在企业层面存在着创新能力低、投资效率低下等问题。

[①] 方茜、王军：《制造业对四川经济增长贡献的理与实证分析论》，载《西南民族大学学报》（人文社科版），2006 年第 2 期。

[②] 程东东：《制造业结构优化对经济增长的影响分析——基于江苏省制造业的研究》，载《特区经济》，2015 年第 2 期。

[③] 代碧波：《黑龙江装备制造业发展中的问题与成因分析》，载《边疆经济与文化》，2009 年第 8 期。

在制造业发展与经济增长关系研究的中观层面，学者注重区域条件对当地制造业集群发展的特色影响。程广斌等（2018）[①] 通过民族与非民族地区的比较对制造业集聚对经济增长的空间溢出效应进行了分析，该文章分析了产业集聚对经济增长的知识溢出机制、劳动力池效应机制、地方化投入共享机制等的影响，同时构建空间滞后模型进行了实证分析，得出结论：时空差异是制造业对经济增长的空间溢出效应最主要的特征，同时产业集聚效应会随着经济的发展不断下降，民族地区比非民族地区带动效果更为明显。因此文章建议：民族地区要发挥资源优势，逐步转化为产业优势，并且还要根据自身特点承接东部地区产业转移，与此同时，政府应该主动发挥作用，合理协调政府投资与民间投资之间的挤出效应等。李国平等（2015）通过对京津冀区域制造业的空间变化以及主要影响因素进行研究发现，要素禀赋、劳动力的集聚效应是影响制造业产业空间变动的最主要因素，同时地区的区域政策同样有着不可忽视的作用，因此京津冀政府应该在城市基础设施、区域产业合作等方面加快推动，进一步落实区域性产业政策。张杰等（2007）[②] 以大量调查问卷为基础，研究了江苏省制造业创新的关键因素，认为随着创新投入强度的不断加大，企业规模会出现先上升后下降的趋势，并且企业集聚并不会对企业的创新产生促进作用。周长富等（2012）对昆山制造业企业同样进行了问卷调查，研究了代工企业转型升级的影响因素，研究表明：企业对外需市场的依赖度与企业本身转型升级难度成反比，企业在扩大规模的过程中会对转型升级过程起到抑制作用。同时，研究还发现企业的技术创新强度和工资水平对转型升级的显著水平不明显。简晓彬等（2018）[③] 研究江苏省装备制造业集群创新效率的影响因

---

① 程广斌、郑璐：《制造业集聚对经济增长的空间溢出效应研究——基于民族与非民族地区的比较分析》，载《石河子大学学报》（哲学社会科学版），2018 年第 6 期。

② 张杰、刘志彪、郑江淮：《中国制造业企业创新活动的关键影响因素研究——基于江苏省制造业企业问卷的分析》，载《管理世界》，2007 年第 6 期。

③ 简晓彬、车冰清、仇方道：《装备制造业集群式创新效率及影响因素——以江苏省为例》，载《经济地理》，2018 年第 7 期。

素后发现，该省的装备制造业集群发展水平较高，但并不是处于全国领先地位。同时，集群本身以及生产服务行业的发展是影响其创新发展的最主要因素，科技投入等在长期来看对集群的创新提升有着促进作用。

在宏观层面，学者通过对就业、消费、进出口等宏观经济数据的分析，对产业集群影响因素进行实证分析，探讨中国制造业集群发展的影响因素和影响程度的共性问题。严成樑等（2017）[1] 从制造业规模与宏观经济波动的角度出发，运用 GGDC 数据库和 PWT 数据库，使用经济增长率标准差方法等进行了实证分析，文章认为：在一定时间内，制造业就业人数占比会对制造业增加值所占比重起到促进作用，经过某一时点以后，则会出现抑制作用。进一步研究发现，规模越大、经济越发达的地区，制造业越能起到缓解经济波动的作用；反之，则会加剧经济波动。张钟文等（2017）研究了[2]高新技术产业对我国经济增长和促进就业的作用，从高新技术产业对经济增长的直接贡献和综合贡献入手，构造了局部闭消费模型进行实证分析，研究发现高技术产业增加值在 GDP 以及制造业增加值的比重不断上升，并且对经济的贡献率不断上升。在促进就业方面，对教育、公共管理以及居民服务等行业的拉动作用较为明显，但对房地产、电力、热力等产业的拉动作用较低。杨汝岱等（2018）[3] 认为我国的产业集群促进出口的机制在于产业集群降低了出口产品的门槛，使得生产率较低的企业也可以出口，而随着企业的积累与出口要求的提升，集群内的生产率也可以得到提升。

随着产业集群的发展，中国对于制造业集群发展的影响因素的研究不再局限于某一方面，也呈现出交叉化、多层次和多元化的研究趋势。目前关于国内制造业集群研究的新思路与新方法可以大致总结为以下三

① 严成樑、李蒙蒙：《制造业规模与宏观经济波动》，载《财经问题研究》，2017 年第12 期。

② 张钟文、叶银丹、许宪春：《高技术产业发展对经济增长和促进就业的作用研究》，载《统计研究》，2017 年第 7 期。

③ 杨汝岱、朱诗娥：《集聚、生产率与企业出口决策的关联》，载《改革》，2018 年第7 期。

个方向:

第一,基于现代地理信息技术的发展成熟,结合空间经济学与地理理论研究产业集群发展成为近年来的热门研究方向:仲伟周等(2013)[①]研究了中国电子及通信设备制造业产业集群的空间分布,通过空间实证的方法分析确定了影响该产业集群的主要影响因素,包括:现代化交通网络、地区市场化水平、产业资本、产业政策等,并且针对各个影响因素分别提出了对策建议。洪世勤等(2015)[②]采用动态系统 GMM 方法测度了制造业集群与各类要素空间流动状况,认为从制造业出口技术进行空间分析,集群内部的知识流动的作用较为明显,不同行业的出口技术对于 FDI 的作用弹性大相径庭,对劳动密集型企业而言,资本深化的促进作用较为明显。沈建红等(2009)研究了苏中四市(镇江、南通、扬州、泰州)的制造业,从影响制造业集群发展的内部因素和外部因素分析,得出企业产品和工艺创新能力、企业与集群内外部企业间的关系分别是制约产业集群发展的内在和外在因素。曹宗平(2017)运用 E - G 指数测度论广东省 21 个地级市的制造业占比,研究发现影响制造业产业集聚的因素主要是内部因素,包括工资水准、土地成本、基础设施等,但是外部因素的影响不是很显著。王俊松(2014)[③]运用空间计量的方法对长三角制造业企业数据进行分析,发现长江三角洲的制造业以上海为中心进行分布,同时在产业分散的过程中,上海的集群核心地位并没有下降。与此同时,地区所在位置严重影响制造业的分布,并且在不同行业所受的影响因素有一定区别。

第二,社会学中的关系网络、邻近性与嵌入性理论也被引入到集群发展的研究中:梁光雁等(2011)[④]从产业集群的外部因素、外部行为

① 仲伟周、崔文殿:《中国电子及通信设备制造业产业集群的影响因素》,载《山西财经大学学报》,2013 年第 11 期。

② 洪世勤、刘厚俊:《中国制造业出口技术结构的测度及影响因素研究》,载《数量经济技术经济研究》,2015 年第 3 期。

③ 王俊松:《长三角制造业空间格局演化及影响因素》,载《地理研究》,2014 年第 12 期。

④ 梁光雁、徐明:《现代制造业服务创新的动力影响因素及其实证分析》,载《特区经济》,2011 年第 2 期。

者和内部动力因素进行研究，较早地分析了集群内部的关系网络问题，发现战略管理和组织因素是促进产业集群创新的重要因素，建议加强公司的战略管理，重新构造公司的结构框架，并且还要协调企业内部的各种因素等。尹希果等（2013）① 将影响制造业集群的因素扩展至社会环境的各个方面，采用十年的省际面板数据研究制造业集聚的影响因素，研究发现对产业集聚效应影响最大的是城镇规模，其次是知识密集程度、交通运输等，但是在我国不同地区的制造业集群的影响因素有所不同，这一研究涉及社会经济发展环境与集群成长的适应性问题，具有"嵌入性"研究的意味。之后将产业集群作为社会单位，讨论其与当地社会经济发展相适应的"嵌入性"研究和探讨国企如何影响周围环境的"邻近性"研究得到了经济学、社会学和经济地理学等领域学者的广泛关注（Balland et al.，2014；Beghin et al.，2015；董津津等，2019②；倪渊，2019③）。

第三，发源于自然科学试验的政策冲击与准自然试验思想被广泛地应用到现代的社会科学研究当中。政策作为对集群的微观、中观与宏观都会产生影响的重要因素，一直被作为集群发展影响因素的研究重点。至于政府政策对产业发展会产生何种影响，一直以来都是相关领域学者争论的焦点，具体到政府政策与产业集聚上，产业政策的支持者认为产业政策对于产业集聚起到了重要的促进作用：阿西姆（Asheim，1996）较早提出了中国政府政策是影响产业在区域内分布的重要因素进一步的，休伯特·施密茨（Hubert Schmitz，1999）提出政府应根据实际情况对产业集群实施政策干预，将产业政策作为政府的经济职能进行研究；在近期，哈梅林（Harmelink，2016）与哈斯（Haas，2014）等学

① 尹希果、刘培森：《中国制造业集聚影响因素研究——兼论城镇规模、交通运输与制造业集聚额度非线性关系》，载《经济地理》，2013 年第 12 期。
② 董津津、陈聚关：《创新网络嵌入性、社区意识对企业创新绩效的影响》，载《科技进步与对策》，2019 年第 10 期。
③ 倪渊：《核心企业网络能力与集群协同创新：一个具有中介的双调节效应模型》，载《管理评论》，2019 年第 12 期。

者以新能源产业政策为例，证明了产业政策促进了新能源产业的发展，新能源产业集群化是发展的重要特征。国内研究方面，刘卓天等（2016）认为，寻求政府的支持以尽可能地扩大集聚水平是产业集群发展的重要特征；李剑力（2006）[①] 认为在产业集群的发展过程中，政府对其进行适当干预，既满足地方政府的利益需要，又能帮助产业集群正常发展；在更为微观具体的研究中，魏丽华（2009）[②] 以珠三角产业升级为案例，分析了在产业集群升级过程中，政府干预的必要性，认为政府能够弥补市场失灵现象，推动集群创新，维护市场秩序，扶持中介机构，提供公共物品。政策的质疑者认为，政府主导形成的产业集群偏离了产业集群的内在生成机理，不利于经济的增长（Sbergami，2002；Bautista，2006）；在宏观层面上，罗能生等（2009）[③] 认为，政府主导的产业集聚可能在短期利益的驱使下，成为承接区域之外低端产业的"摇篮"；从微观层面来看，分权结构下的区域竞争，在加快地区内部产业集群形成速度的同时，不可避免地产生了地方保护，以及恶性竞争（史晋川、谢瑞平，2002[④]）。

二、东北地区制造业影响因素研究

振兴东北老工业基地已经成为国家重要战略之一，产业集群的发展一直与东北工业基地的振兴息息相关，东北地区产业集群的研究也作为东北振兴的重要一环引起学者的广泛探讨。20 世纪 90 年代，东北地区传统制造业发展就遭遇危机，此时已经有了关于老工业基地转型的呼声

---

① 李剑力：《地方政府在产业集群发展中的职能定位及应注意的问题》，载《学习论坛》，2006 年第 22 期。
② 魏丽华：《金融危机视域下珠三角产业升级研究》，载《商业研究》，2009 年第 7 期。
③ 罗能生、谢里、谭真勇：《产业集聚与经济增长关系研究新进展》，载《经济学动态》，2009 年第 3 期。
④ 史晋川、谢瑞平：《区域经济发展模式与经济制度变迁》，载《学术月刊》，2002 年第 4 期。

与讨论（杨伟民，1993①；李成固，1996②）。2003 年，国家提出了
"全面振兴东北老工业基地战略"，就有学者指出，打造有实力、现代
化的工业集群，是振兴东北工业基地的重要战略手段，东北地区应该充
分发挥地域优势和产业基础优势，大力发展装备制造业、新兴制造业和
原材料工业（林木西，2003③；丁四保，2003④）。在振兴东北的政策大
环境下，分析东北地区制造业集群发展的区域特殊性成为学者关注的
重点。

老工业基地的兴衰会随着产品周期的变化而变化，当产品周期处于
初期或者成熟前期的时候，工业区的产品竞争力以及技术创新能力会不
断上升，因此要想实现老工业区的复苏必须延长产品周期，或者提高企
业技术创新水平来研发新的产品。周叔莲（2004）⑤ 对老工业基地进行
了新的定义，认为那些对国民经济或者区域经济发展起到促进作用的产
业集群或者地区称为老工业基地。林治华（2006）⑥ 通过分析世界先进
地区的产业集聚模式和东北地区产业发展现状，提出产业集群式发展可
以为东北地区经济复苏提供活力，只有产业集聚才能实现东北振兴，他
进一步分析了东北地区进行产业集群式发展的必要性和重要性，从产业
链发展、政府职能、社会网络建设等方面提出了针对性意见。刘凤朝等
（2004）⑦ 较早地从区域产业发展的角度将东北三省进行单独讨论分析，
并且设立包含知识创造、知识流动、创新环境等方面的指标评价体系，

---

① 杨伟民：《我国老工业基地发展迟滞的原因及改造振兴的思路》，载《经济学家》，
1993 年第 4 期。
② 李成固：《东北老工业基地衰退机制与结构转换研究》，载《地理学报》，1996 年第
2 期。
③ 林木西：《振兴东北老工业基地的理性思考与战略抉择》，载《经济学动态》，2003 年
第 10 期。
④ 丁四保：《"东北现象"症结分析与出路探讨》，载《现代城市研究》，2003 年第 6 期。
⑤ 周叔莲：《努力走出老工业基地振兴的新路子》，载《当代财经》，2004 年第 1 期。
⑥ 林治华：《产业集聚与东北振兴协同效应分析》，载《东北财经大学学报》，2006 年第
6 期。
⑦ 刘凤朝，王元地，潘雄峰：《老工业基地产业结构升级的知识产权对策》，载《科技
进步与对策》，2004 年第 11 期。

通过评价得分对东北地区不同省份之间的差距以及与全国先进水平和平均水平之间的差距进行了具体分析。杨春峰（2006）① 从东北地区制度层面进行问题分析，发现东北地区在产权制度、竞争意识、分配制度等方面存在着明显的制约因素，必须实行制度创新才能实现东北经济复苏。焦方义（2004）② 分析了东北老工业基地在工业结构、人力资本和基础设施方面所具备优势，不过这还只是潜在优势，必须通过实施结构优化战略才能转化成现实优势。还有学者提出了综合比较优势的概念，认为当中国经济进入投资、创新导向阶段，东北老工业基地经济振兴战略不能只建立在基本要素禀赋的基础上，而应立足于构建要素禀赋、技术效率和交易效率所形成的综合比较优势竞争力上。

　　与区域特殊性分析相对应，此阶段很多学者主张发挥东北的比较优势打造现代化制造业集群：梁琦等（2004）③ 等运用比较优势理论进行分析，认为东北地区具有比较优势的企业为资本密集型重工业和装备制造业，王福君（2010）④ 同样运用比较优势理论以辽宁省装备制造业为对象进行了研究，结果表明辽宁省应当选择技术创新推动、产业集群发展和外向带动发展的路径。金成晓、任妍（2005）⑤ 以东北老工业基地为研究对象，分析了其现状问题及实证研究，得出东北地区应该发展以化学制品以及交通运输设备等产业为主的制造业。宁连举、郑文范（2005）⑥ 认为东北地区应该加快发展新型装备制造业，政府大力支持

---

　　① 杨春峰，郭海楼：《对东北老工业基地国有企业制度创新的分析》，载《长春理工大学学报（社会科学版）》，2006 年第 1 期。

　　② 焦方义：《论东北老工业基地的比较优势与结构优化战略》，载《税务与经济》（长春税务学院学报），2004 年第 2 期。

　　③ 梁琦、李忠海、马斌：《东北制造业的优势在哪里》，载《统计研究》，2004 年第 3 期。

　　④ 王福君：《区域比较优势与辽宁装备制造业升级研究》，中国经济出版社 2010 年版。

　　⑤ 金成晓、任妍：《东北老工业基地产业结构调整与主导产业选择实证研究》，载《税务与经济》，2005 年第 5 期。

　　⑥ 宁连举、郑文范：《加强主创新促进东北装备制造业发展模式转变》，载《东北大学学报》，2005 年第 4 期。

产业集成创新等。刘洋和刘毅（2006）[1] 以东北地区主要工业行业区位商、生产竞争力、市场竞争力的计算结果为依据，对东北地区主导产业及产业体系特征进行了分析，并将东北区域产业体系划分为四个组群，在此基础上，总结出东北地区主导产业为石油加工、黑色冶金与加工、交通运输设备、普通机械、食品制造、医药制造、电子及通信设备制造这 7 个产业。

此阶段已有学者在研究中提及了技术创新对东北制造业集群转型升级的重要意义。洪凯（2006）[2] 提出东北三省需要通过确立科技发展目标、加快科技体制改革与机制创新、改善发展环境来不断提高区域自主创新能力。杨大海和肖瑜（2004）[3] 认为，东北老工业基地振兴，不单单是工业发展问题，而是一个区域共同发展的问题，根据产业集群理论，通过产业集群形成几个特色的、较大规模的产业集群，使东北经济区形成内部协作、共同发展的走势，东北经济区必将重振雄风，再创辉煌。马文东、晚春东和王雅林（2005）[4] 提出东北老工业基地改造应树立集群化的观念，实施集群化发展战略。通过对东北老工业基地的再造，把优势产品生产企业做大做强，形成集群竞争力，再铸东北装备制造业优势，使之成为中国重要的装备制造业基地。单洪颖、郭立夫（2008）[5] 通过数据分析得出，东北地区制造业发展缓慢且创新能力不足。李美娟（2010）[6] 研究认为东北制造业要想突破全球价值链的低端锁定应当构建市场竞争力，扩大内需来引领创新。

---

① 刘洋、刘毅：《东北地区主导产业培育与产业体系重构研究》，载《经济地理》，2006 年第 1 期。

② 洪凯：《东北老工业基地增强自主创新能力的对策》，载《经济纵横》，2006 年第 7 期。

③ 杨大海、肖瑜：《产业集群与东北经济区共同发展探讨》，载《东北亚论坛》，2004 年第 4 期。

④ 马文东、晚春东、王雅林：《东北老工业基地改造中的集群化问题》，载《学习与探索》，2005 年第 1 期。

⑤ 单洪颖、郭立夫：《基于产业集群理论的东北制造业自主创新模式研究》，载《吉林大学社会科学学报》，2008 年第 2 期。

⑥ 李美娟，《中国企业突破全球价值链低端锁定的路径选择》，载《现代经济探讨》，2010 年第 1 期。

三、新一轮东北制造业集群振兴研究的前沿问题

经过一段时间的高速增长与发展，第一轮东北工业基地振兴战略取得成功。但是随着中国经济进入新常态，东北制造业集群中原有的问题进一步暴露出来。东北经济面临着"去产能"与"保增长"双向压力的区域特殊问题（王娟等，2017①；郑植尚等，2019②），东北开始了以习近平新时代思想为指导的高质量发展转型（曾燕南，2019③）。如何实现东北制造业的高质量转型发展，成为新一轮东北振兴问题的研究重点（许欣，2017④；安树伟等⑤，2018）。在关于本轮东北制造业振兴的研究中，随着地理技术和空间经济学的兴起和成熟，更多的研究从空间与集群的视角关注新一轮东北振兴问题。

在上一轮东北振兴期间，已经有学者开始讨论东北产业的空间分布与变迁，白永青和张静（2006）⑥ 将东北三省从北至南依次形成了以哈尔滨、长春、沈阳和大连为中心的黑龙江南部、吉林中南部、辽宁中部和辽东半岛南部四个特色区域创新群，发挥其优势有利于实现区域协调发展，推动区域创新体系建设。新一轮东北振兴后，苏飞等（2010）⑦，赵林等（2014）⑧ 在研究东北地区城市空间与城市经济变迁的过程中，

① 王娟、郑浩源：《东北振兴政策与东北经济增长——基于 PSM - DID 方法的经验分析》，载《东北财经大学学报》，2017 年第 5 期。

② 郑植尚、杨富泽、傅子轩：《东北振兴背景下去"'杠杆'与'保增长'"的门槛效应研究》，载《工业技术经济》，2019 年第 10 期。

③ 曾燕南：《习近平东北老工业基地振兴与国企改革思想研究》，载《上海经济研究》，2019 年第 12 期。

④ 许欣：《东北振兴战略演进轨迹及其未来展望》，载《改革》，2017 年第 12 期。

⑤ 安树伟、李瑞鹏：《高质量发展背景下东北振兴的战略选择》，载《改革》，2018 年第 7 期。

⑥ 白永青、张静：《构建东北老工业基地四大创新群化》，载《宏观经济管理》，2006 年第 1 期。

⑦ 苏飞、张平宇：《辽中南城市群人口分布的时空演变特征》，载《地理科学进展》，2010 年第 29 期。

⑧ 赵林、王维、张宇硕、李瑞、吴殿廷：《东北振兴以来东北地区城市脆弱性时空格局演变》，载《经济地理》，2014 年第 34 期。

发现产业尤其是第二产业集聚，对东北地区城市发展质量具有重要影响，这是在新一轮振兴与高质量发展的背景下，从空间讨论东北制造业集聚问题较早的研究。杨文爽和李春艳（2015）[1] 从工业集群全要素生产率增长率的角度整体评价东北制造业集群的效率，得出东北地区轻工业集群技术进步较为明显，而重工业集群技术优势不明显，该研究提出要解决东北老工业基地的内在矛盾，推动东北地区市场化改革，实现东北地区产业集聚和产业分散的协调发展。更为具体地，学者以沈阳、辽南和哈大齐等制造业集群为样本，详细地分析了东北地区内部不同集群单元的个性差异与转型路径（车晓翠，2012[2]；初楠辰等，2015[3]；孙汉杰，2016[4]）。

关于东北制造业发展的另一个热点话题是制造业的转型与技术创新所面临的区域现状及解决方案的研究。张敏（2013）[5] 提出东北地区制造业产业自主创新不足的主要根源在于缺乏动力，通过对相关利益主体的分析，可以识别东北地区制造业自主创新动力系统诸要素，认为发挥这些动力要素对东北地区制造业开展自主创新活动具有推动作用。潘雄峰、刘凤朝和许立波（2015）[6] 对东北三省的技术创新能力进行了分省的比较分析，并将其与全国平均水平和全国最高水平进行比较，找出其间的优势和差距，为东北区域创新体系建设提供一定的借鉴和参考；周丰滨等（2014）[7] 综合比较优势理论和竞争优势理论，提出了产业自生

① 杨文爽、李春艳：《东北地区制造业全要素生产率增长率分解研究》，载《当代经济研究》，2015 年第 4 期。
② 车晓翠：《东北振兴以来大庆市产业可持续发展能力评价》，载《经济地理》，2012 第 5 期。
③ 初楠辰、姜博：《哈大齐城市密集区空间联系演变特征——基于东北振兴战略实施前后的视角》，载《经济地理》，2015 年第 3 期。
④ 孙汉杰，《东北地区制造业升级问题研究》，博士学位论文，东北师范大学，2016 年。
⑤ 张敏：《东北地区制造业产业自主创新的动力要素分析》，载《辽宁大学学报》（哲学社会科学版），2013 年第 4 期。
⑥ 潘雄峰、刘凤朝、许立波：《东北三省技术创新能力的分省比较与分析》，载《科技进步与对策》，2005 年第 2 期。
⑦ 周丰滨，刘文革，梁琦：《东北老工业基地产业自生竞争力研究》，载《中国工业经济》，2004 年第 7 期。

竞争力的概念，并将之应用于对东北三省老工业基地的实证研究，发现东北老工业基地的整体工业基础和若干制造业具备自生竞争力，这些产业应该成为未来老工业基地发展的核心，促进老工业基地充分发挥优势获得新生。黄群慧（2015）[①]认为，东北地区制造业在中国有着非常重要的地位，东北地区的问题一定程度上代表着中国制造业问题，能够反映一些中国制造业的典型化事实。东北地区制造战略转型主要包括产品转型和产业转型两个方面：产品战略转型方向是提高产品复杂性能力；产业战略转型方向是增强制造业信息化和制造业服务化。东北地区制造业需要管理创新，具体方向包括五个方面，第一，生产管理创新：从低成本、大批量向快速响应消费者的需求转变；第二，人力资源管理创新：逐步实现少量"现代知识型员工"对大量"传统简单劳动者"的替代；第三，营销管理创新：产品与服务日趋融合；第四，战略管理创新：从核心能力战略向平台战略转变；第五，组织管理创新：从层级结构向网络结构转变。

第三节　国企与产业集群发展研究

近年来的经济学研究认为，相较于产业发达、市场自由化程度高的发达国家，发展中国家更希望通过政策对产业集群施加更多的影响，进而快速促进本国落后产业的发展（Altenburg，1999；Greenwald et al.，2006）。中国的快速崛起中政府的作用十分明显，当前国际上关于政府在经济发展中作用的讨论很多来自中国。国有企业作为政府政策执行与市场参与的重要渠道，引起经济学界广泛的研究探讨。一方面，国企在产业转型与技术创新中具有一定的积极作用。国企无论是从规模上还是影响力上都是中国当前企业创新的绝对主体，尤其是制造业大型国企对技术研发十分热衷，并且相较于民营企业具有更高的研究水平。与此同

[①]　黄群慧：《东北地区制造业战略转型与管理创新》，载《经济纵横》，2015 年第 7 期。

时，国企尤其是劳动力密集型的工业国企通过渐进式的劳动力更新与吸收过剩劳动力，缓解了中国经济转型过程中失业率提高以及其可能带来的社会问题，对中国经济的转型发展起到了重要的稳定作用（Daniel Berkowitz et al.，2018）①。并且，除了混合所有制改革以外，国有企业目前正在通过管理人才的专业化逐步强化其市场主体的定位，逐步摆脱对政策的强依赖，取得了一定的成效。另一方面，制造业国企在转型与发展过程中也存在着一些问题。第一，中国制造业国企的研发效率比同规模的民营企业低，但却可以获得更多的政府投资，因此可能造成研发资金的使用低效与浪费。第二，由于政府投资要求未必一定是收益最大化这一特殊情况，制造业国企特别是东北的制造业国企往往面临着预算"软约束"，阻碍区域市场化水平的提升。特别地，在当前中国供给侧结构性改革的宏观背景下，国企软约束造成大量"僵尸企业"的存在，阻碍着产品供给结构的优化（Wing Thye Woo，2017）②。

具体到国有企业在集群中的作用，相关国际文献尚不多见，当前外文文献的研究对国企的作用多半未能给予积极评价。勃兰特（Brandt，2014）将中国制造业的低效率归因于国企过多以及要素分配的不科学③；后续有学者通过集群中创新研发补贴分配、企业投资份额配比等数据的实证研究，说明对比于民营企业与外资企业，国有企业确实挤占了更多相关资源，并且没能达到应有的使用效率。此外，国企还带来了集群内企业不公平竞争、生产性企业与服务型企业比例失衡等问题（William，2017；Li，2017）④。

一方面，在政府主导作用对国有企业转型升级以及集群发展的相关

① Daniel Berkowitz, Market Distoritions and Labor Share Distributions：Evidence from Chinese Manufacturing Firms［J］. *Working Paper*，2018.

② Wing Thye Woo. China's Soft Budget Constraint on Demand – Side Undermines Its Supply – Side Structural reforms［J］. *China Economic Review*，2017.

③ Brandt L.，Tombe T.，Zhu, X.，Factor market distortion across space and sector in China［J］. *Review of Economic Dynamic*，2014，16（1）：39 – 58.

④ William，Asriyan. Information Spillovers in Asset Markets with Correlated Values［J］. *The American Economic Review*，2017.

研究中，魏丽华（2009）[1] 认为政府可以通过制定产业政策或者鼓励国有企业创新发展来带动集群的创新发展，并且政府作用是集群健康发展所必须的。闻媛（2011）[2] 研究了政府财政收入对高新技术产业发展的促进作用，并且提出要学习发达国家经验制定最优的财政支出结构。乔翠霞（2005）[3] 则分析了政府在产业集群中的主导作用，提出政府可以利用自身优势为产业集群的发展提供制度和政策上的支持，处理好企业之间的关系，弥补集群发展的外部性。政府在制定产业政策时存在许多问题，不合理的产业政策会阻碍集群的转型升级。另一方面，在国有企业自主创新能的相关研究中，杜伟（2003）[4] 从国有企业技术创新的内在动力和外在动力进行分析，发现要从国有企业、市场和政府三个维度进行创新系统构建，以达到提高国有企业技术创新能力的目的。刘光富（2009）[5] 认为企业家精神和政府的推动作用是促进国有企业创新的主要动力，仅仅依靠市场不能够起到促使企业创新的作用。贾文昌（2006）[6] 认为造成国有企业创新能力不足的主要原因是科技投入不足以及缺乏高科技人才，因此国有企业要实现技术创新必须进行体制机制改革、完善分配激励制度等。赵莉（2006）[7] 通过分析影响国有企业自主创新能力主要因素发现，政府主导机制、产权保护制度、金融市场不健全等是主要制约因素。温瑞珺等（2005）[8] 则对国有企业自主创新能力进行了指标体系评价，从研发能力、生产制造能力、价值实现能力和组织管理能力进行指标体系构建。陶虎等同样运用指标评价体系进行国有企业自主

---

① 魏丽华：《金融危机视域下珠三角产业升级研究》，载《商业研究》，2009 年第 7 期。

② 闻媛：《中国创意产业发展模式研究——基于全球产业价值链的视角》，载《财贸研究》，2011 年第 22 期。

③ 乔翠霞：《论政府在产业集群形成和发展中的作用》，载《理论学刊》，2005 年第 4 期。

④ 杜伟：《增强有企业技术创新动力的思考》，载《经济体制改革》，2003 年第 6 期。

⑤ 刘光富、Stephen C－Y. Lu：《中国国有企业创新动力因素研究》，载《中国科技论坛》，2009 年第 11 期。

⑥ 贾文昌，《国有企业自主创新能力的问题与对策思考》，载《理论前沿》，2006 年第 8 期。

⑦ 赵莉，《国有大中型企业成为自主创新的主导力量》，载《新视野》，2006 年第 2 期。

⑧ 温瑞珺，《企业自主创新能力评价研究》，载《集团经济研究》，2005 年第 15 期。

创新能力的评价，构建了包含 4 个一级指标和 43 个二级指标的评价模型，并进行了实证分析①。

特别地，国企在东北制造业集群中发挥的特殊作用成为近几年学者关注的重点内容。唐晓华等（2017）② 在对中国制造业集群时空演变的研究结果中发现，中国国有企业占比较重的装备制造业在东北的集聚程度较高，且出现了可能由国企占比过高导致的转型困难问题。和军等（2017）③ 和何文韬（2019）④ 则发现，东北地区国有资本在制造业地区占比较高则可能产生挤占民营企业特别是中小企业生存空间的问题。王庆龙等（2018）⑤ 学者在研究金融对东北老工业基地的作用时，指出一些地方性国企更可能获得非市场化的金融支持，这可能不利于制造业集群的发展。

第四节　比较制度分析理论

一、比较制度分析理论基础

以科斯（Ronald H. Coase，1960）、诺斯（Douglass C. North，1971）为代表的制度经济学派从交易成本出发，解释了包括市场、企业在内的各种组织是如何诞生的。进一步地，制度经济学认为经济合理运行必须

---

① 陶虎：《机遇 PCA 的国有企业自主创新综合评价分析——以山东省为例》，载《产业集聚评论》，2008 年第 6 期。
② 唐晓华、陈阳、张欣钰：《中国制造业集聚程度演变趋势及时空特征研究》，载《经济问题探索》，2017 年第 5 期。
③ 和军、张紫薇：《新一轮东北振兴战略背景与重点——兼评东北振兴战略实施效果》，载《中国特色社会主义研究》，2017 年第 6 期。
④ 何文韬：《产业集聚对企业初始规模选择与持续生存的影响——基于辽宁省中小企业的分析》，载《经济地理》，2019 年第 39 期。
⑤ 王庆龙、史桂芬：《金融支持东北地区产业转型升级的若干问题研究》，载《经济纵横》，2018 年第 12 期。

建立在完善合理的组织运行机制之上，它是影响经济组织形式乃至经济体发展的根本因素。随着世界范围内一系列由于经济体制异质而造成的矛盾的不断发生，越来越多的学者开始意识到制度多样性问题在经济发展中的重要影响。在此背景下，日本经济学家青木昌彦提出了"比较制度分析"（CIA）[①] 来解释经济制度的发展演变，这是制度经济学研究的一个新视角。比较制度分析最初由青木昌彦、保罗·格罗姆（Paul Milgrom）、阿布纳·古莱依夫（Avner Greif）、钱颖一、约翰·利巴德（John Litvack）等人在美国斯坦福大学作为一门课程来开设，之后于21世纪初出版了一系列与比较制度分析相关的学术著作。比较制度分析将任何经济行为划分成六个"域"（domain）。所谓"域"，是由博弈参与人所有行动总和构成的集合（青木昌彦，2005）。比较制度分析理论认为，任何经济组织与行为可以分解为六个不同的博弈的域：共用资源域、交易域、组织域、组织场、政治域以及社会交换域，它们之间相互重叠、相互影响，共同构成整个经济行为总体，其相互关系如图 2-1 所示。比较制度分析将从这六个域出发，构建一个博弈论框架，来研究制度在不同域之间的跨越和同一个域中不同制度的相互作用，以此来解读现今社会经济组织多样性以及制度的活力。

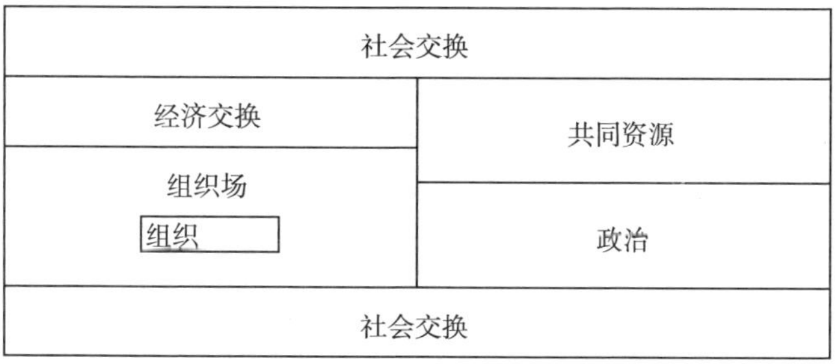

社会交换	
经济交换	共同资源
组织场	
组织	政治
社会交换	

图 2-1 六种博弈域关系示意图

共用资源域（Commons Domain）是指，在该域内的参与人集合由

---

① 青木昌彦、奥野正宽：《经济体制的比较制度分析》，魏加宁译，中国发展出版社1999年版。

那些使用共用资源的个人构成的域（青木昌彦，2005）。共用资源域的最显著特征就是有着共用资源，共用资源的使用具有非排他性，即域内参与人在使用共用资源的时候并不会影响或限制其他参与人也使用这部分资源。在该域内，基本所有经济行为的参与者都是参与人，参与人集合几乎是不会发生改变的，那么在共同使用共用资源的时候自然会产生多种博弈，从而参与人会据此来制定自己的行为规则——策略，随着博弈的重复、进化，最终会内生成制度，而制度又会影响、制约着参与人的行为。习俗性产权或者说约定俗成的社区规范都是共用资源域博弈形成的制度结构。

交易（经济交换）域是指，由那些私人拥有可以自由交换和处置物品的个人构成的域。在该域内，每个博弈参与人为了达到一定的目的选择处置自己的私人物品，即进行交易。每个博弈参与人在与他人的交易过程中都是完全自愿行为，换言之，每个参与人都有拒绝交易的权利，这是该域一个最主要的概要表征之一。进一步地，该域还可以继续划分成众多亚域（比如进出口交易域、劳动力流动域、需求域等）。交易域是传统经济学研究最多也最为深入的领域，比较制度分析将各种关于交易域的博弈及其形成的组织和制度总结如表2-1所示。

表2-1　　　　　　　　　各种交易域组织与制度

治理机制	实施者	预期行动决策规则（内生性博弈规则）	域特征
个人信任	交易伙伴（第二方）	对欺骗行为的报复	重复性双边交易机制
交易者社会规范	社区内共享沟通网络的交易者	社区对欺骗行为的驱逐	由（综合性）沟通交流网络联结的交易
惠顾关系	已经付出拉关系费用的交易伙伴	以终止关系惩罚不诚实的交易者	事前匿名但事后可重复的交易机会
俱乐部规范	由初始缴纳会员费组成的内生性"俱乐部"的交易者	将不诚实的交易者从"俱乐部"中驱逐	事前匿名但事后可重复的交易机会

续表

治理机制	实施者	预期行动决策规则（内生性博弈规则）	域特征
自我实施（雇佣）合同	市场上的交易者	欺骗行为引致合同终止及对其后果的预期	行动和结果可观察但无法实施
第三方的信息传播	第三方组织（如商法仲裁者、信用局、网上拍卖组织、电子商务的认证机构）	对欺骗行为的信息传播，因欺骗而失去交易机会	匿名交易者
第三方的强制措施	第三方组织（如政府统治者、黑社会）	对欺骗行为的暴力惩罚	强制暴力的不对称匹配，不诚实交易的巨大收益
道德准则	自我（第一方）	因欺骗行为引起的消极的道德情感	享有相同习俗的相对均质的参与人
法治系统	法庭	对欺骗行为的依法惩治	匿名交易者、行动或结果可证实，政府对强制性暴力的垄断
数字化实施	由交易伙伴设计的计算机程序	只根据程序化条件实施的方式交货	通过网络可提供的数字化内容和服务的交易

　　组织域是指，参与人可以共同行动（竞争、合作）生产产品并在他们之间进行分配的域，这是比较制度分析中，与产业集群和产业组织最为相关的博弈域。组织域与共用资源域之间的界限并不明显，因为组织域内的参与人必然会共同使用一些公用资源以及基础设施，但是两者在本质的显著特征中依然有着明显的区别。第一，组织域内的参与人并不是一成不变的，正如我们所述的交易域中的参与人有权选择不进行交易一样，组织域内的参与人同样有权选择不参与，即撤离组织域。撤离组织域的方式又有着主动与被动之分，在此我们将组织域内的参与者看作是企业以便于理解。当企业在某一组织域从事生产经营活动时，外在环境的改变使企业觉得无利可图，企业便会主动退出；另一种情况，假若市场环境非常活跃，企业之间不断竞争，最终胜出的企业自然将其他

企业"驱逐"出该域，被"驱逐"的企业便是被动地退出。第二，不同参与人之间的策略大相径庭，因为同企业之间从事的生产经营活动不同，同一企业下的不同部门的分工也差别很大。该域中的博弈活动极其复杂，内生出来的制度也千差万别。正如传统经济学理论认为，市场通过价格机制来平衡参与者的交易行为，同时进行最优的资源配置。比较制度分析理论同样认为，在组织域中，参与者通过信息系统来平衡参与人的生产行为，同时内生出相应的激励机制。换言之，比较制度分析在讨论组织域时，主要研究组织的信息协调机构以及它们之间存在的差异。

组织场（Organizational Field）是指，介于交易域和组织域之间，但又区别于两者的一种原始的域。比较分析理论认为在组织场中，有着除了经济功能之外的、不同的作用类型和不同的组织结构形式。此类组织的概念类似于社会学中"嵌入性"的概念，即某个集群、某个企业生产经营的非经济环境。与组织域相同，组织场的划分也取决于其信息结构。在第三章的理论分析中，我们将会以组织域和组织场为理论基础分析国有企业的特征。

政治域是指，包含一个特定的中心参与人——政府（它拥有私人参与者不对称的决策集合）。在政治域中，政府作为参与人的一种有着区别于其他参与人的特殊地位，它通过制定法律或者运用行政手段来对自己领土范围内的参与人进行管理，它的权利具有排他性，即该域内的其他参与人只能被动地接受管理（前提是政权会一直存在），而没有选择退出的权利。参与人集合的固定性与共用资源域有点类似，但不同的是，政府与其他参与人之间同样存在着博弈，当政府的行为策略不得人心时，剩余的参与人会推翻政府而寻求新的有效的政府形式。对于经济社会而言，政府的管理行为通常是征收赋税、制定产业政策、惩罚违法行为等，其他参与人一般指企业、商人、工人、农民以及各种协会等。在接下来讲述国家的基本类型之前，我们有必要阐释一下比较制度分析理论对于国家这个概念的理解。该理论从博弈论的角度出发，认为国家是政府与其他参与人在博弈过程中达到的均衡现象之一，它是两者之间一种共同的信念，正是因为这种共同信念使得国家作为一种内生出来的制度得以自我维系，这不同于传统经济学家认为国家是外生的一种第三方组织的定义。

社会交换域作为社会学范畴，比价制度分析理论并没有对此进行研究，但它对于比价制度分析理论以及接下来的部分的作用不可忽略。社会交换域不同于其他五个域却又渗透于它们之中，在参与人博弈过程中所产生的情感上的变化、思维意识的转变、决策的能力等都属于社会交换域的范畴，这些微妙的符号无法直接量化，只能间接地观察，比如教育的投入使参与人自身素质的提高、科技的发展使思维意识的进化、社会保障的实施解决了他们在制定自己策略时的后顾之忧等，这些都属于社会交换域。

二、使用比较制度分析的优势

东北地区制造业集群的发展与其经济制度、社会环境、地区政策和区域文化等有着密切的联系。崔万田（2005）、林木西等（2006）曾采用制度经济学视角分析东北振兴问题，并指出东北地区的区域政策、政企合作机制的正式制度，和包含民间文化在内的非正式制度，都存在着一些不利于振兴的问题。李世杰等（2005）、张涌（2008）、杜传忠（2010）和童超等（2019）都采用新制度经济学的视角及相关理论，对产业集群或制造业发展问题进行讨论。相较于古典与新古典的产业集群研究，新制度经济学的分析优势在于其对组织产生与发展的根源有着更为本质的认识。而比较制度分析相较于之前新制度经济学的流派，除了关注"交易成本""分工结构"等制度经济学的基本概念之外，还引入了信息结构、博弈领域等概念，其关于组织域和组织场的理论适合用来研究组织形式的变迁。产业集群本身就是一种特殊的经济组织形式，因此，引入比较制度分析对制造业集群发展进行研究，有一定的理论适用性与理论优势。通过引入一些比较制度分析的概念与理论，可以更为清晰地分析"国企主导"这一由正式制度形成的非正式制度，会使国企主导型制造业集群这一组织形式有哪些与其他组织不同的核心特征。进一步地，这些特征又会怎样影响集群的增长与转型？

　　按照比较制度分析的逻辑，产业集群的发展与变迁过程可以简述如下：首先，在制造业集群的发展过程中，个人、企业、政府和其他参与者在社会经济生活的不同方面进行博弈，这些参与者的行动集合形成了"域"。其次，在影响因素共同作用下，行动集合内生出该领域内的多种制度。最终，这些制度作用于制造业发展的各个主体（如工业企业、工人、政府职能部门），形成了对产业集群演化不同阶段的不同表征。特别地，各个域内的影响因素与内生制度并非单独地发挥作用，而是在复杂的产业集群系统里相互制约、相互影响、相互作用，即所谓的"跨域的整体性制度安排"（青木昌彦，2001①）。

　　比较制度分析理论认为，经济组织是一个特定的博弈域，参与人可以通过联合行动生产产品（收益）并在他们之间进行分配（青木昌彦，2005）。实际上经济组织与社会其他领域的界限并不清晰，因为企业作为市场博弈的参与人必然会共同使用一些公用资源以及基础设施，但是，两者在本质的显著特征中依然有着明显的区别。第一，市场的参与人（企业）并不是一成不变的，正如交易域的参与人有权选择不进行交易一样，产业集群内的参与人同样有权选择不参与，即企业退出。退出产业的方式又有着主动与被动之分，在此，我们将集群的参与者看作是企业以便于理解（但是实际上，制造业集群的参与主体并非仅仅是企业）。当企业在某一集群中从事生产经营活动时，外在环境的改变使得企业觉得无利可图，企业便会主动退出；另一种情况，假若市场环境非常活跃，企业之间不断竞争，最终胜出的企业自然将其他企业"驱逐"出该域，被驱逐的企业便是被动地退出。第二，不同参与人之间的策略大相径庭，因为同企业之间从事的生产经营活动不同，同一企业下的不同部门的分工也差别很大。该域中的博弈活动极其复杂，因此制造业集群的形态也是多种多样的，正是因为制造业企业组织行为的多样性造成

① 青木昌彦：《比较制度分析》，周黎安译，上海远东出版社 2001 年版。

了制造业集群发展模式的多样性。

第五节　研　究　评　述

一、研究评述

梳理现有相关文献，发现已有的文献在制造业集群发展的影响因素与作用机制上进行大量深入的研究。东北作为中国制造业的重要基地，关于东北制造业集群发展的讨论也从第一次东北老工业基地振兴以来延续至今。本书认为，现有文献的研究有以下几点不足与需要丰富之处：

第一，关于制造业集群发展的影响因素中，所有制结构的问题已经受到了学者的关注，也有学者探讨了所有制结构对区域经济发展的影响。但是关于所有制结构与集群发展的专门讨论尚不多见，并且这种讨论一般停留在所有制对产值增长的影响上，鲜有关于所有制结构对集群规模、集聚效应以及集群创新等具体增长和转型作用机制的探讨。

第二，制造业集群发展既是一个产业组织的概念也是一个空间的概念，这两个概念并非是孤立的，而是从不同层面衡量与讨论产业集群的发展。产业组织概念更侧重于讨论集群内企业的地位、集群内部模式等结构性问题，而空间概念则侧重于讨论集群空间集聚与分散，以及集群空间的变迁问题。关于集群结构和集群空间影响的共性因素，近些年经济地理、社会学等跨学科理论的引入（如要素空间流动、邻近性理论、嵌入性理论等），正在试图弥补这种共性影响因素研究的不足，这一领域也需要继续丰富。

第三，东北地区"国企主导"的产业集群特征已经被广泛地认可和接受，也有关于国企在东北振兴中作用的研究。但是在经济理论层面，"国企主导"到底意味着什么，"国企主导"的经济学本质是什么，这一特征将对集群产生怎样的影响？这些问题在之前学者的研究中都有或多或少的涉及，但是针对"国企主导"对东北产业集群发展这一问题，始终缺乏一个统一的理论框架与系统总结。

二、研究的出发点

基于现有研究的成果和不足，本书将从以下几个方面丰富和拓展现有关于东北制造业集群发展的研究：

第一，专门研究"国企主导"这一特征对于制造业集群发展的影响。将产业集群视作一个组织，引入研究组织变迁具有一定适用性的比较制度分析理论，从关于国企对制造业集群发展的诸多侧面中，抽象出一个理论的框架，将现有关于国有企业主导优势与劣势的讨论纳入一个统一的框架下。并在此基础上，进一步地分析"国企主导"对制造业集群发展可能带来的正负向影响及其作用机制。从这一角度丰富对产业集群发展影响因素的探讨。

第二，认为"国企主导"这一特征既会影响集群的结构，也会影响集群的空间特征。因此，研究将国企对集群的影响分为"增长"与"转型"两个侧面，"增长"主要探讨集群空间上的集聚、规模的扩大等问题；而转型则讨论集群的要素使用效率、技术进步贡献等要素结构上的问题。从这一角度丰富关于集群空间与结构共同影响因素的研究。

第三，构建一个关于"国企主导"与制造业集群发展的经济学模型，从理论上探讨"国企主导"这一特征的本质以及其对东北制造业集群发展可能带来的影响，明确"国企主导"这一区域特色对东北振兴可能存在的意义。并且为研究东北国有企业与区域经济发展特别是产业发展提供一个可能的理论框架。在此基础上，以关于东北制造业集群的研究，丰富关于中国特色的区域与产业组织的相关探讨。

第三章

国企主导与东北地区制造业
集群发展理论分析

国企主导型制造业集群的核心特征当然首先是"国企主导"。我们的研究希望更深层次探讨的问题是，这种"国企主导"特征造成的此类制造业集群与其他制造业集群有何明显的差异，这种差异如何塑造集群增长与转型的特殊模式与特色问题。本章将对国企主导型制造业集群的增长与转型问题进行理论分析，理论分析总共分为三个层次展开。第一，国企主导型制造业集群分类与特征。第二，国有主导型制造业集群增长与转型模式。本节将说明国企主导型制造业集群的特征将会对其转型与增长产生怎样的影响。第三，国企主导型制造业集群转型与增长的数理模型。本章在第二层次内容的基础上，研究抽象出一个包含国企行为的数理模型，以此描述"国企主导"在制造业集群转型发展中的具体作用以及影响机制，并且为下一章东北具体情况的分析与实证研究提供可检验的理论假设。

第一节　国企主导型制造业集群特征与分类

一、国企主导制造业集群的含义

在过去关于产业集群与制造业发展的研究中，尚未出现"国企主导型制造业集群"的说法，但是关于国企在集群中的主导地位已经有学者在研究中提及，特别是东北地区制造业集群的实际形态是所谓的"国企主导型集群"（林木西，2003[①]；魏后凯，2009 等[②]；林毅夫等，2017[③]；和军等，2017）。从集群形成角度来说，此类集群一般是以国有企业为基础而产生的，核心国企发展与集群形成有着深厚的历史渊源；从聚集形态角度来说，集群以一个或几个国有企业为核心，围绕这几个国有企业不断延展；从集群发展角度来看，集群发展兴衰与集群中处于核心地位的国企息息相关，核心国企的发展决定着整个集群的发展路径；从集群内话语权角度来看，集群内核心国企的体量规模可能是集群内最大的，因此国企在集群中具有极强的话语权，即所谓的国企主导。东北国企主导型制造业集群具有鲜明的分工结构和产业部门结构特征，可以按照分工结构划分为上游国企主导型集群、中游国企主导型集群和下游国企主导型集群。值得特别说明的是，国企主导型制造业集群并非是东北特有的制造业集群形态，在中国其他地区的产业集群中，该类形态也是广泛存在的，如上海的钢铁产业集群、京津地区的汽车产业集群都符合国企主导型定义。东北地区的国企主导型制造业集群的数量相对较多，同时问题暴露得也最为充分，因此研究东北地区的国企主导型集群具有一定的代表性。

根据占主导地位的国有企业所处生产环节不同，可以大致分为上游国企主导集群、中游国企主导集群和下游国企主导集群三个类型细分的国企主导型制造业集群。该划分是根据产业链中供需链与企业链的相关含义，结合东北制造业发展的实际情况做出的界定。本章中所指的上中下游并非"微笑曲线"中所解释的"研发—装配—销售"，而是制造业

---

① 林木西：《振兴东北老工业基地的理性思考与战略抉择》，载《经济学动态》，2003 年第 10 期。

② 魏后凯、刘长会、吴力学：《中国产业集群发展现状及特征》，载《经济研究参考》，2009 年第 3 期。

③ 林毅夫、付才辉：《基于新结构经济学视角的吉林振兴发展研究——〈吉林报告〉分析思路、工具方法与政策方案》，载《社会科学辑刊》，2017 年第 6 期。

企业在工序上所处的位置。上游在制造业供应链中一般是指生产制造业所需的通用原料、技术水平较低的初级能源加工，其生产部门特点是资源依赖性强与所需技术水平低；制造业中游一般是指从事制造生产资料或提供生产所需中间产品的企业，其特征是产品目的是作为下一等级的生产资料；下游在制造业供需链中是指生产最终消费产品的企业，其特征是产品主要面向消费市场。在一般制造业的供需链中，都会同时存在三类企业，例如在汽车制造业集群"金属采选加工—设备机械—汽车配件—整车组装"产业链中，金属采选加工就可以称为制造业上游部门；机械设备制造与汽车配件生产可以称为中游部门；整车组装可以称为下游部门。虽然某种类型的企业可能同时位于一条供应链的中游或下游（一般同时位于上游和中游的情况不多），但是在当前的制造业发展专业化分工逐渐精细的趋势下，大部分制造业部门都可以按照工序进行明确的分类。

二、国企主导型制造业集群的特征

从一定意义上来说，集群的本质是企业之间的关系（苏水东，2000[①]；何雄浪等，2006[②]；王长峰，2011[③]）。因此，我们在探讨制造业集群的特征时，应该首先讨论集群之中企业之间的关系。基于制造业产业链分工的角度，制造业集群内几乎所有的企业都存在着两种关系：上下级近似于"决策—接受"关系与同级之间执行不同生产活动的部门关系，一般规定前一种部门关系为纵向关系，后一种为横向关系（李琳等，2017[①]；许强等，2012；肖斌卿等，2016）。

---

① 苏水东：《产业经济学》，高等教育出版社2000年版。

② 何雄浪、李国平：《关系经济地理学产业集群理论研究进展及其评析》，载《经济地理》，2006年第9期。

③ 王长峰：《基于演化博弈理论的产业集群中竞争与合作关系分析》，载《科技管理研究》，2011年第1期。

④ 李琳、王足：《我国区域制造业绿色竞争力评价及动态比较》，载《经济问题探索》，2017年第4期。

基于比较制度分析理论关于信息结构的相关理论，本章可以将产业组织内各个部门面对的信息处理能力和沟通方式的控制力由强到弱划分为层级分解（hiearchical decomposition）、信息同化（information assimilation）、信息包裹（information encapsulation）三种类型。需要指出的是，比较制度分析中所指的"信息（information）"并非一定是实物性的消息，包括制度、政策和信息等能够影响企业与市场之间交易成本的因素，都可以被定义为信息（青木昌彦，2002）。因此，如图 3 - 1 所示，将信息理解为作用于组织发展的"共同影响因素"。第一，层级分解模式是指，组织域中的两个生产部门分别负责决策和执行，上级生产部门通过对外部环境的观察与信息处理制定出自己的策略，然后通过一定的方式传达给下级生产部门，在传达过程中必然会存在着偶然性与误差，随后下级生产部门再做出自己的执行。该理论认为，当上级决策部门的信息处理能力远远高于下级生产部门，并且在决策下达的过程中误差较小或者说两部门之间沟通成本较低时，那么层级分解模式是有效率的。同样的，当前一个部门的产品是后一个部门的生产所需，并且沟通成本足够低，层级分解模式同样有效率。第二，信息同化是指，两个生产部门同时对外部环境进行观察，并且将各自的信息处理结果进行共享，两者根据共享的信息制定自己的生产策略。信息同化模式进一步分为网络诱导式和意会式，顾名思义，前者是通过信息网络技术进行信息交流，后者则是通过面谈的言语交流方式。该理论认为，当两个生产部门在信息处理能力上的差别不大，并且沟通成本相对较低时，信息同化模式是有效的，并且随着通信技术的发展，信息同化模式的优势会逐渐明显。第三，信息包裹模式是指，两个生产部门独自进行外部环境的观察及信息处理，并且制定各自的策略进行独立的生产活动。该理论认为，当两个生产部门对信息的观察能力没有太大差别，并且部门之间从事竞争性生产活动时，那么信息包裹模式是有效率的。

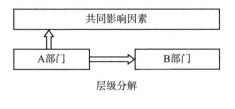

层级分解

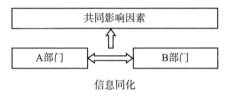

信息同化

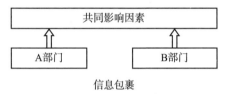

信息包裹

图 3 - 1　市场组织结构三种基本模式

　　进一步地，这三种信息结构实际上与横向、纵向关系相对应，共形成了 8 种产业组织具体类型，这就与制造业集群的类型极为相关。当一个生产组织在横向和纵向关系中都是严格的层级分解制时，那么该组织是严格的垂直结构，最终该类组织会合并为一个整体，甚至会合并为一个企业。因此，当横向与纵向均为层级分解制结构时，可能单独企业从事生产活动会比集群更有效率，理论上来说集群不会产生。而当生产部门内所有个体在横向与纵向上都是信息包裹的，那么每个企业都在全生产过程中具有独立观察的能力，且不会沟通，那么此时市场呈现出完全竞争态势，即使现实中有空间上的集聚，也不是具有组织结构的集群。其余的情况下均可能诞生产业集群，例如纵向信息包裹、横向信息同化对应着一些独立竞争的企业共建联合性组织，通过行业协会、产业联盟的形式形成市场力量，但是在集群内部又存在着竞争，这是中小产业集群发展的普遍模式之一，现实中对应的案例有意大利南部的轻纺业集群、中国江浙地区的小商品制造业集群等。又如当产业集群内横向与纵向都存在信息同化时，说明产业组织内存在着一些市场力量相当的企业，而且这些企业互相合作维持其对市场的联合控制，此时在经济学中呈现出"寡头竞争"的态势。此类集群的典型代表是德国的汽车制造业集群，聚集着奔驰集团、大众汽车集团公司、奥迪公司、宝马公司等知名的整车制造企业，此类企业共同享受着集群内的零件供应商（如博世集团），研发人员和生产人员都存在着一定流动，形成差异化与同质化结合的竞争。如表 3-1 所示，垂直代表纵向信息结构、水平代表横向信息结构。

表 3-1   横向、纵向信息结构与集群类型

	层级分解	信息同化	信息包裹
层级分解	单个企业		
信息同化	国企主导型集群	德国汽车集群	意大利轻纺业集群
信息包裹	国企主导型集群		完全竞争

作为国企主导型集群，其最根本的特征是国有企业在整个集群中的核心位置，以及由核心国企控制力和影响力所带来的纵向层级分解结构。具体而言，在国企主导型集群中，国企可能通过市场影响力、政策影响力和在行业准入和基础研发等方面的优势，入股、收购集群内其他企业，或者作为集群内其他企业主要乃至唯一的产品采购商或供应商，进而从纵向上形成一种层级分解。但是与此同时，单个国企无论获取信息资源的能力多么强大，也存在着不具有比较优势的领域，因此不能以单个企业承担所有的生产任务，尤其是趋向复杂化的制造业发展。这也是在 20 世纪末与 21 世纪初，"大而全"的国企逐渐被分解重组的一个重要原因。但是需要进一步指出的是，纵向上的层级控制并非是国企主导型集群所特有的，如日本以丰田公司为核心形成的"丰田城"汽车制造业集群，也存在着这种纵向上的层级控制。国企主导型集群的特质

来自其纵向层级控制获取的先定性与非市场性，也就是说，相较于日本汽车制造业集群企业核心主导地位是在市场中形成的，国企主导型集群的地位可能更多的来自非市场因素，如行业准入门槛、原始资本数量和政策法律规定等。这种非市场性并非总是负面的，在后面章节的分析中我们将会看到，在某些情形下，非市场性具有一定优势。总而言之，国企主导型制造业集群的突出特征可以概括为"先定性的纵向层级控制结构"。

在横向上，国企主导型集群则可能面临着两种信息结构，一种是与其他企业共同合作完成生产的信息同化模式，例如：国企也与集群内其他企业生产一些类似乃至竞争性的产品，并且存在着竞争关系；国企与其他企业互为产业链和供应链的环节，需要展开合作。与纵向结构的先定性不同，横向结构则取决于制造业具体门类的生产工艺特性。这种不同的横向结构会导致集群的增长、转型模式以及国企在集群中的作用有所不同。因此，探讨"国企主导型"制造业集群不能一概而论，这就需要根据制造业具体行业性质的不同，对"国企主导型"企业进行更进一步的分类讨论。

三、国企主导型制造业集群分类

根据制造业特性，制造业受工艺影响的分工结构是影响其集群形态的重要因素（李凯等，2004[①]，2005；马建会，2005[②]；王国跃等，2008[③]；周灿等，2018[④]；高月媚，2019[⑤]）。为了进一步探讨不同分工

[①]　李凯、李世杰：《装备制造业集群网络结构研究与实证》，载《管理世界》，2004 年第6 期。

[②]　马建会：《产业集群成长机理研究》，博士学位论文，暨南大学，2005 年。

[③]　王国跃、李海海：《我国装备制造业产业集群发展模式及对策》，载《经济纵横》，2008 年第12 期。

[④]　周灿、曾刚：《经济地理学视角下产业集群研究进展与展望》，载《经济地理》，2018 年第1 期。

[⑤]　高月媚：《东北地区产业集群与经济空间耦合机理研究》，博士学位论文，吉林大学，2019 年。

结构所对应的信息结构及后续影响，研究按照产业链分工将国企主导型制造业集群分为上游、中游和下游国企主导型制造业集群。

上游国企主导制造业集群是指集群中最具影响力的国企处在生产链的前端，一般从事原料开采与初级产品生产，其形成原因往往是主导国企掌握制造业发展所必需的主要自然资源（如盘锦、大庆的石油化工集群；鞍山的钢铁产业集群）。此类集群由于拥有资源垄断，并且为集群内其他产业的基础，需要后续产业链分享的信息较少，也较少地接受该类信息，因此可能是信息包裹型。在此类集群结构中，负责原料与初级生产的国企可能单位利润并不高，但是由于其对资源的绝对垄断地位可以获得相当数量的绝对收益，形成规模数十亿乃至几百亿的"巨无霸"企业，如中国石油天然气股份有限公司辽河油田分公司、鞍钢集团有限公司等企业。而集群内的某些中下游企业规模并不小，例如盘锦盘山石油化工产业园中的盘锦浩业化工有限公司，其拥有资产也达到了 50 亿元以上。但是由于原料依赖，这些中下游企业在集群中对产量、原料价格和配套技术的控制权仍然不高。

中游国企主导集群是指生产机械设备、零件配件和半成品的国有企业在集群中占主导地位，此类产业需要较多的吸收上下游的信息，并且将本企业的生产信息与其他企业分享，信息同化特征在横向更为明显。在当前东北营商环境改善的大背景下，政策偏向所造成的中游国企主导并不多见，目前自然垄断是中游国企主导结构形成的主要原因。这种情况以东北地区的装备制造业集群最为显著，以辽宁地区的通用机械制造集群为例，沈阳机床集团与大连机床制造集团虽然经历了多次经营危机与破产重组，但是其生产的机床种类范围广，东北及华北地区的很多企业都是从这两家企业引入整条生产线所需设备。种类齐全的机床产品互为配套，使客户企业很难单独更换某一种设备，这也是沈阳与大连机床制造集团始终能够保持一定市场份额的重要原因。

下游国企主导型集群是指集群中最具影响力的国企处在生产链下游，主要产出供应消费的最终制造业产品，这种产业基本上处于竞争状态，更可能的结构是信息包裹。下游国企主导集群结构的形成原因是多样化的：第一，政府对某些企业的政策扶持，比如对本地大型国企进行一定的税收、信贷优惠甚至直接补贴，这种情况在东北十分常见，因此不一一列举。第二，由于企业自身技术创新而实现的主导地位，例如本溪医药产业集群、沈阳机器人产业园内存在依托中科院研究所背景的地方性国企。这些地方性国企往往成立时间不长，但是其凭借核心技术对集群发展具有导向作用。第三，由于历史因素形成的主导地位，即国企通过历史上积累的资本、市场、经验和品牌知名度等获得集群内的主导地位，这个种类的典型是吉林一汽主导发展而成的吉林汽车产业集群。

第二节　国企主导型制造业集群增长的数理模型

基于上述的特征与分类，本章认为东北地区国企主导型制造业集群在横向与纵向的信息结构上呈现出的特征不是独立存在的。上游国企主导型集群中，处于主导地位的国企收入增长过度依赖规模扩张而非产业链延伸；中游国企发展过度依赖历史路径，同时集群内其他上升期企业话语权难以扩展；下游主导国企集群结构形成仍然过多依靠政策，以创新形成主导地位的国企较少。集群的分工结构最终导致了东北地区制造业发展的"逆高级化"现象。因此，要实现东北地区国企主导型制造业集群的进一步发展，必须实现制造业集群的转型升级。为了研究国企主导型制造业集群转型动力的问题，本章构建了一个制造业集群升级与区域经济增长的经济模型加以分析。模型分为三个部分：第一部分构建不存在产业转型升级情况的区域经济增长模型，作为后面章节与产业集群转型升级模型的基准与对照；第二部分从企业行为出发，为下面章节产业转型升级模型提供一个微观机制，说明增长模型设定与描述的微观合理性；第三部分引入产业转型升级，通过描述"国企主导"在制造业集群的转型升级中的影响与作用机制，为下面章节的东北现实情况与实证研究提供可检验的假说。

为了反映上述所提及的关于上中下游主导国企的生产工艺特征，参考已有研究资源、技术与区域经济增长的模型设定方法（Charles, 1985；Klenow et al., 1998；陶磊等, 2008[①]；徐斌等, 2019[②]；岳华等, 2019[③]），将生产要素分为三类：第一类，技术要素 A/B，设生产中存在投资品生产与消费品生产两个部门，投资品生产部门对应的技术水平为 A，消费品生产部门对应的技术水平为 B。第二类，可再生要素 K，此类要素的特点是可以通过生产得出，且可以随着时间进行积累，如制造业中的人力资本、中间产品等。第三类，自然资源要素 R，此类要素特征是不可随着时间积累（如土地、矿产等），且在一定时期内可以看作每期能够获得的资源要素数量是相同的（在一段时期内，土地的供给量、矿产的开发量虽然会出现波动，但是整体上是平稳的）。

（1）关于消费的基本假设。假设经济中人口是固定的，且存在一个具有无限生命周期的代表性消费者，消费者对消费品进行消费，消费者在其约束条件下最大化其终生消费，效用函数采用相对风险规避系数不变的效用函数，如式（3.1）、式（3.2）所示：

$$\max \int_0^{\infty} u(c(t)) e^{-\beta t} dt \tag{3.1}$$

$$u(c) = \frac{c^{\gamma-1} - 1}{\gamma - 1} \tag{3.2}$$

（2）关于生产的基本假设。假设存在两个生产部门，投入品生产部门和消费品生产部门，各个部门中的企业是同质的，因此可以认为每个部门中存在一个代表性厂商，设厂商的所有生产要素均来自消费者供给。其中，投入品 I 生产需要技术与可再生要素进行生产，该部门技术水平为 A，投入品部门的最终产出作为当期的全部投资；消费品 c 部门

---

① 陶磊、刘朝明、陈燕：《可再生资源约束下的内生增长模型研究》，载《中南财经政法大学学报》，2008 年第 1 期。

② 徐斌、陈宇芳、沈小波：《清洁能源发展、二氧化碳减排与区域经济增长》，载《经济研究》，2019 年第 7 期。

③ 岳华、张海军：《金融发展、资源诅咒与经济增长》，载《华东师范大学学报》（人文社会科学版），2019 年第 6 期。

生产则需要技术、可再生要素与资源类要素，该部门技术水平为 B，消费品部门最终产出构成居民消费。主导国企将会是这两类企业中的任何一类，这也与上述分类中的上游、中游和下游国企主导分类相对应。

（3）集群市场结构的假设。设消费品使用的可再生要素占当期总可再生要素总量比重为 μ，则投入品使用的可再生要素占比为（1 - μ）。根据国企主导型即存在垄断这一情况，假设投入品生产因为有垄断厂商的存在（以此反映市场结构的"国企主导"），生产函数具有 AK 形式（Romer，1990）。消费品生产函数采用柯布—道格拉斯形式。无论何种部门的厂商都会最大化其利润，且厂商可以在生产投入品或消费品间自由选择，如式（3.3）、式（3.4）所示：

$$I = A(1 - \mu)K \tag{3.3}$$

$$C = B(\mu K)^{\alpha} R^{1-\alpha} \tag{3.4}$$

（4）经济均衡与平衡增长路径。经济中资本折旧率为 δ，资本积累方程为式（3.5）所示：

$$\dot{K} = I - \delta K \tag{3.5}$$

将式（3.2）代入式（3.4）中，并在等式两边同时除以 K，可以得到可再生要素增长率 g_k，其大小受到参数 μ 的影响，如式（3.6）所示，是一个介于 A - δ（μ = 0，全部可再生要素进行投入品生产，完全储蓄路径）与 - δ（μ = 1，完全消费路径）之间的数，说明可再生要素增长率受到可再生要素在投入品与消费品之间的分配比例影响，且消费与增长与可再生要素增长存在比例关系，如式 3.7 所示：

$$g_k = (1 - \mu)A - \delta \tag{3.6}$$

$$g_c = \alpha g_k \tag{3.7}$$

将消费品的价格单位化为 1，投入品相对于消费品的价格设为 P，根据厂商可以在生产投入品和消费品之间自由选择的假设，在厂商追求利润最大化的条件下，生产者达到均衡时，应有生产一单位投入品与生产一单位消费品的边际收益一致，如式（3.8）所示：

$$PA = B\alpha(\mu K)^{\alpha-1} \tag{3.8}$$

边际收益一致导致了要素市场的均衡，即投入在两部门之间可再生要素的回报相当，否则会存在套利机会，设 r_1、r_2 分别为投入品部门和消费品部门的可再生要素收益率，结合式（3.6）~式（3.8）得出式（3.9）~式（3.10）：

$$r_1 = (1 - \mu) A - \delta \qquad (3.9)$$

$$r_2 = A - \delta + (\alpha - 1) g_k \qquad (3.10)$$

进而可以得到均衡路径下消费品增长率，如式（3.11）所示：

$$g_c = \frac{r_2 - \beta}{\gamma} \qquad (3.11)$$

假设封闭经济且暂时不考虑政府投资（下文中会分析），$Y = C + I$，联立式（3.6）、式（3.7）与式（3.11），可以得到均衡路径下总产出 Y 的增长率为式（3.12）：

$$g_y = \frac{\alpha \left[(1 - \mu) A - \delta - \beta \right]}{1 - \alpha (1 - \gamma)} \qquad (3.12)$$

在无动态转型，即要素密集状况、技术进步状况不变的情况下，总产出增长率受到可再生要素在两部门之间的分配比 μ、消费品生产中可再生要素的贡献度 α、投入品生产技术水平 A 影响，而其他变量如资源要素 R、消费品生产技术水平 B 则都没有体现在最终的总产出增长率中。

通过对无转型增长模型的分析，本章认为"国企主导"这一核心特征可能对制造业集群增长至少产生三类影响：第一，自然资源 R 只有水平效应而没有增长效应，即当前上游国企主导型集群的发展仅仅依靠的是绝对规模的机械扩大，并未对区域经济增长起到加速作用，且增长规模受到资源上限的影响，这与东北地区很多资源枯竭型城市状况相符合。第二，在无转型的集群中，经济增长取决于中间投入品的生产投入结构与技术水平，在无技术转型的情况下，中游国企主导型集群实际上对区域经济增长的影响最大。第三，消费品生产中可再生资本贡献度对总产出的影响是不定向的，且结果式随着参数 α 的增加，其关于增长率的导数呈现出先为正后为负的情形。这说明现实中，特别是生产直接消费品的制造业集群，可能随着主导国企要素的集聚呈现出对增长先促进后抑制的非线性情况。造成正向促进效应可能的机制是，国企在集群发展初期，会快速地凭借资金实力以及与政府在集群土地、集群基础设施建设上沟通的优势发挥规模经济作用，带动集群增长；而后期则可能由于国企的不良垄断、挤占民企生存空间和政企合谋等问题，产生规模不经济，抑制集群增长。因此，国企主导对制造业集群增长的影响可能是正向或者负向的，甚至是非线性的。最终的总效应还需要进行实证检验。现实中集群的增长可以有两种表现，一种是空间聚集的增长，另一种是集群产值的增长，为了后面章节检验方便，本章提出两个关于国企主导对制造业集群增长的假设：

H_1：国企主导对制造业集群的空间集聚的影响是非线性的，可能呈现出"先促进，后抑制"的"倒 U 型"结构。

H_2：国企主导对制造业集群的产值规模的影响是非线性的，可能呈现出"先促进，后抑制"的"倒 U 型"结构。

至于"国企主导"对集群增长是否有显著影响，影响体现为线性还是非线性，总效应是促进还是抑制，则需要案例与数据的验证。

第三节　国企主导型制造业集群转型的数理模型

一、微观机制：转型中的国企行为

从直观上理解国企带动集群增长并不困难，因为国企投资规模的增加、吸收政府投资的增加等都会带来制造业集群的直接增长。但是国企主导的组织结构是否会产生转型，则没有那么直观的表现。因此，在进行数理模型的推导前，需要先对这种现实中企业行为进行经济学理论上的描述，使转型数理模型具有可信的微观机制描述。对于国企主导型制造业集群而言，主导国企、出资方政府会直接从微观上改变集群内企业的行为，进而造成制造业集群结构的发展变化。本节从博弈论角度出发，建立一个关于制造业技术创新的企业间博弈模型，以此说明东北国企主导型制造业集群特征形成过程中的一种重要的影响因素——政府政策的作用，也就是本章第一节描述的先定型。此模型是本书中分析政府投资策略促进国企主导型制造业集群转型的理论基础。

现有经济学文献关于中国的转型表现的描述有两种，一种是技术进步带来的全要素生产率的增长，即直接的技术进步；另一种是高效率要素拥有更多投入所带来的整体效率提高和成本降低，例如由劳动密集型转向资本与技术密集型（林毅夫等，1998[①]；樊纲等，2011）。下面我们将通过一个关于鼓励先进制造业进行技术创新的博弈论模型的例子来说明这一问题。为了方便说明，我们在建立模型时假设市场上有两家先进制造业企业 A、B，以两家企业技术创新开发某款新产品的假设情景作为前提，讨论两种市场上普遍存在的主要情况，并且对每种情况下政府干预前与政府干预后的纳什均衡做出对比。

（一）基础情形：两类企业完全竞争情形

两家企业同时进行决策是否创新，考察创新激励对于制造业企业行为的影响。我们做出四条假设：（1）市场上只存在 A、B 两家企业，且创新能力、创新投入、盈利能力等方面相当。（2）创新成功与失败的概率是相对固定的，分别为 p 与 q。（3）政府对于创新的激励表现为，政府对于创新企业的创新投入给予一定的失败补偿，为了方便计算，补偿的数值为固定值 c。（4）两家企业处于信息完全状态，即两家企业对于对方的行为情况都完全了解。基于以上四条假设，我们建立完全信息静态模型，来说明创新激励机制对于企业行为的影响。

如表 3-2 所示，在只有一家企业创新的情况下，如果企业创新取得成功则会占有全部市场，那么另一家企业的利润将减少为 0，而通过创新实现垄断的企业能达到的最大利润水平为 m，若不进行创新企业维

① 林毅夫、蔡昉、李周：《中国经济转型时期的地区差距分析》，载《经济研究》，1998年第 6 期。

持原有的利润水平 n(n < s < m)。在无政府创新激励的情况下，若两企业同时创新成功，则市场又进入竞争状态，两家企业都不会获得垄断利润，因此两家企业获取的利润为 s(2s < m)。若创新失败，则企业需承担数值为 b 的创新投入损失。为了保证模型存在纯策略纳什均衡，假设创新的预期收益高于不创新情形即 n < ps - qb，如违背该假设，则企业永远不会有创新动机。

表 3 - 2　　　　　　　　自由市场下创新决策博弈矩阵

项目	创新	不创新
创新	ps - qb, ps - qb	pm - qb, qn
不创新	qn, pm - qb	n, n

按照一定的成功失败概率计算企业的期望收入，如一家企业创新，另一家企业不创新，则此时 A/B 企业获利期望为（pm - qb，qn），括号中前面的数表示企业 A 在创新成功后获得收益 m 与创新失败后承受损失 b 的期望；后面的数表示 B 企业若不创新，将以 p 的概率被赶出市场（获得 0 收益）和当企业 A 创新失败时，其获得原有收益 n 的期望。在该模型中有两个纯策略均衡行为，高水平均衡（创新，创新）与低水平均衡（不创新，不创新），进一步探讨影响两种均衡出现概率的问题。当无外生干扰时，企业是否进行创新完全取决于创新失败概率，即取决于企业自身对于创新成功机率的预期，且创新成功机率越大，企业越倾向于创新。由于制造业高技术壁垒的行业特性，研发成功概率不高，因此当技术创新风险很大时，出现低水平均衡（不创新，不创新）的概率更高。这说明，在制造业集群中，无特殊产权偏好与企业激励的情况下，国有制造业与民营制造业企业普遍面临着创新动力缺乏的情况。尤其当前制造业技术研发成本日益向着高水平、高风险、高门槛的方向发展，完全无干预的市场很难促进东北地区国企主导型制造业集群主动转型。

如表 3 - 3 所示，假设政府进行创新无偏差的创新激励，且政府会为创新失败的企业进行补偿，从而使企业的收入如表 3 - 3 所示。可以看出，这一举动相当于降低了企业失败的成本，此时是否进行创新不再单独取决于企业自身的发展水平，而取决于创新补偿与企业自身发展情况的同时作用。值得一提的是，表面上看，政府的扶持会降低创新成本，但是实际政府的补贴 c 来源于财政征收，从整个社会效益来看，如果企业 A 与企业 B 的创新效率不同，即企业 A 与 B 面临的 b 值不同时，无差异的创新激励并不一定就会促进东北整体社会效益的提升。进一步分析，模型假设政府给予创新企业的补偿是同质的，但是事实中这种补偿往往是不平等的，东北地区的国企相对于民营企业能获得更多的政策性补偿（如研发补贴、预算软约束等），此时国企相对于私企将会获得更高的创新激励，但是这也带来了更大的 c 值。此模式在现实中的情形就是国企通过政府的政策性倾斜更可能实现垄断，但是并未带来集群内整体效益的提升。下一节的动态博弈能够更好地描述这一情形。

表 3 - 3　　　　　　　　　政府干预下创新决策博弈矩阵

项目	创新	不创新
创新	ps - q(b - c)，ps - q(b - c)	pm - q(b - c)，qn
不创新	qn，pm - q(b - c)	n，n

（二）国企主导型制造业集群下的企业行为

在上一节的基础上，将模型扩展至动态博弈。假设国企主导型制造业集群中，市场上存在 A、B 两家代表性企业，A 企业为在该领域已经取得垄断的国企，B 企业为考虑尝试进入该领域的竞争者企业（可以是新兴国企，也可以是该地区的民企），垄断者可以选择抵抗或者不抵抗。此时政府的创新激励政策比较复杂，应该分为两种情况：一种是保护垄断的行为，比如制定知识产权政策、出台行业限制清单，还有信贷歧视等行为此时会降低竞争者的进入收入，保持甚至强化国企在制造业集群中的主导地位。另一种是鼓励市场自由竞争的政策，比如创新补贴或者是反垄断调查与"负面清单"等，此时会增加垄断者的抵抗成本削弱国企的垄断地位，可能会带来国企主导型集群形态的改变。依然假设模型是动态信息完全的，即行为区分先后，后行动的人可以观察到先行动的人采取的策略。基于以上三条假设，我们建立完全信息动态模型，来说明国企主导型企业产权特征对于集群内企业行为的影响。

首先，依然建立一个无产权性质歧视理想化的基础模型作为对照组。如图 3-2 所示，在自由市场的条件下，当竞争者选择进入创新领域时，需要根据垄断者是否抵抗，为自己的创新竞争行为支付 a 和 c 的成本，相应地，垄断者为抵抗竞争加速创新研发，需要支付成本 b 和 d；当竞争者不选择进入时，其不需要进行创新竞争支出，成本为 0，此时垄断者可以选择是否加速创新研发，其成本分别为 e 和 f。

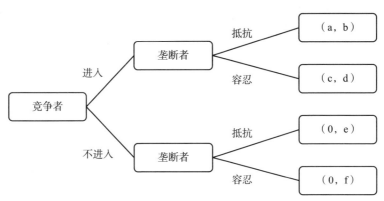

图 3-2　自然垄断下创新决策博弈树模型

其次，保护垄断行为，当竞争者选择进入创新领域时，假设政府通过直接投资、信贷歧视等行为，带来国企抵抗成本 m 与 n 的降低，因此国企无论选择抵抗还是容忍，竞争者都处于不利地位。国企却处于特殊产权地位而受到激励，在研发成本降低的情形下更容易选择抵抗，即进行技术创新。此时虽然集群产权结构仍是国企主导的，但是因为政府保护国企的政策，带来了国企技术进步。此情形依然存在静态博弈模型中最后提及的集群整体福利问题。

相应地，当竞争者不选择进入时，其不需要进行创新竞争支出，成本为 0，此时垄断者可以选择是否加速创新研发，其成本分别为 e 和 f。与简单模型中影响因素相似，e，f 的成本数值取决于研发创新风险，在制造业风险较大的情况下，国企必然选择不加速创新研发，此时政府保护垄断行为并没改变集群结构的变化，仍处于国企主导型情况，并且并没有带来企业的创新行为，此时形成了国企组织的无效与政府投资的浪费，如图 3 - 3 所示。

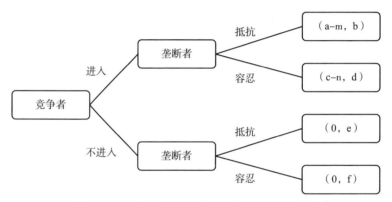

图 3 - 3   知识产权保护制度下的创新决策博弈树

最后，鼓励自由竞争的政策，即在竞争者遭遇抵抗时，政府采取如负面清单、反垄断调查等行为，给予竞争者 p 和 q 的成本降低。当垄断者行为成本不变时，竞争者获得了相对竞争成本，因此可能造成竞争者在市场中取得成功，进而使得国企主导地位受到冲击，制造业集群结构实现转型的同时带来技术的提升。当竞争者选择不进入时，此时集群产权结构不发生变化，垄断者通过减少创新竞争支出也可以获得一定的创新成本的降低，但是其是否会进行研发行为则完全取决于参数变化，但是相较于无产权性质歧视的模型，创新成本被降低了，进而提升了国有制造业选择创新的可能性，如图 3 - 4 所示。

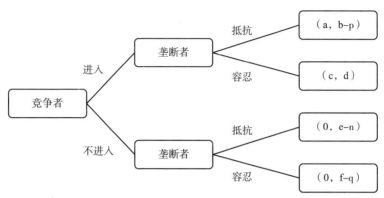

图 3 - 4 创新激励与反垄断政策的创新决策博弈树

本部分以创新政策为例,探讨国企主导型集群中的转型问题,为宏观增长模型提供了一个可能的微观机制。事实上,本节的博弈模型在讨论国企主导型企业行为时具有一定的普遍性,凡是改变企业技术行为的先定型机制从理论上来说,都对企业行为有相似的影响。进一步地,我们将在此微观基础上对转型路径的模型进行描述。

二、转型增长路径

(1)关于要素的假设修正。无转型增长路径将一切可再生要素视为一种复合资本,这一设定的含义是指可再生要素的生产中资本——劳动比相对稳定,即所谓的无转型增长。参考关于制造业集群转型以及国有企业的相关模型对于资本与技术的假设(孔伟杰等,2012;王镝等,2018[①];李连刚,2019[②];Liu et al.,2020),本节为了讨论集群转型问题,将可再生要素分解为资本要素 K、人力资本 H,以显示要素结构的变化。

---

① 王镝、张先琪:《东北三省能源资源型城市的市场机制建设与经济转型》,载《中国人口资源与环境》,2018 年第 6 期。

② 李连刚:《区域经济弹性视角下辽宁老工业基地经济转型研究》,博士学位论文,中国社会科学院大学,2019 年。

（2）关于资本生产。在新模型中存在两个生产部门：物质资本生产与人力资本生产，设两种资本的生产都既需要消耗物质资本又需要消耗既有人力资本，这一假设是复杂的，但是其最贴近制造业实际运行状况，因为制造业技术研发不仅需要大量的研发人员（既有人力资本）也需要大量的实验设备（物质资本）。设投入于物质资本生产部门的物质资本比例为τ，则用于人力资本生产的物质资本为 1 − τ。人力资本投入通过劳动时间的分配进行，设每个人力资本每天可以提供的劳动时间上限为 1，其中 n 用于从事物质生产，h 用于休息，则用于人力资本生产的时间为 1 − n − h（例如劳动者在工作之余的学习行为）。假设人力资本的生产必须通过专门的学习时间实现，简便起见将"干中学"效应忽略不计。设物质产品生产技术水平为 T1，人力资本生产技术水平为 T2，为保持与无转型路径的可比性，设两部门具有相同的折旧率 δ，时间贴现因子依然为 β。物质产品与人力资本的增长方程如式（3.13）和式（3.14）所示：

$$\dot{K} = I - \delta K \qquad (3.13)$$

$$\dot{H} = T_2\left[(1-\tau)K\right]^{1-\theta}\left[(1-h-n)H\right]^{\theta} - \delta H \qquad (3.14)$$

（3）均衡路径。与无转型的基准模型不同，在此情形下，消费、物质资本、人力资本和投资必须保持相同的增长率才能保证经济处于平衡增长状态，否则会出现不符合实际情况的零增长或爆炸增长路径。此时，总产出函数为式（3.15）：

$$Y = T_1(\tau K)^{1-\varphi}(nH)^{\varphi} \qquad (3.15)$$

与基准模型类似，厂商具有选择生产物质产品与生产人力资本的自由，因此均衡条件下两部门中的物质资本与人力资本的边际产出应相等，设工资率为 w，物质产品的价格单位化为 1，则生产均衡如式（3.16）和式（3.17）所示：

$$(1-\varphi)T_1(\tau K)^{-\varphi}(nH)^{\varphi} = w(1-\theta)T_2\left[(1-\tau)K\right]^{-\theta}\left[(1-n-h)H\right]^{\theta}$$
$$(3.16)$$

$$\varphi T_1(\tau K)^{1-\varphi}(nH)^{\varphi-1} = w\theta T_2\left[(1-\tau)K\right]^{1-\theta}\left[(1-n-h)H\right]^{\theta-1}$$
$$(3.17)$$

设均衡条件下资本的收益率为 r，根据要素市场均衡时要素边际收益率相等，可以得到资本价格（收益率）与工资之间的关系，如式（3.18）所示：

$$r = w\theta T_2 \left[(1-\tau)K \right]^{1-\theta} \left[(1-h-n)H \right]^{\theta-1} (1-h) - \delta \quad (3.18)$$

（4）集群转型。在此模型下，每个生产部门的资本——劳动比不再是常数，而是根据不同部门之间的均衡关系决定。记物质产品部门要素密集度为 $M_1 = \tau K/nH$，人力资本生产部门要素密集度为 $M_2 = (1-\tau) K/(1-h-n)H$，因此可以得到一个关于均衡时两部门之间的资本——劳动比的关系方程，如式（3.19）所示：

$$\frac{M_1}{M_2} = \left(\frac{\varphi}{1-\varphi} \right) \left(\frac{1-\theta}{\theta} \right) \quad (3.19)$$

通过式（3.16）、式（3.17）与式（3.19）可以解出两个部门中的资本要素——密集度，这是反映集群转型结构的核心指标，是一个关于 θ 和 φ 的严格增函数，将其表达为 $F = f(\theta, \varphi)$，并且记 $D = (1-\theta)/(1-\theta+\varphi)$，并代入到式（3.18）中得到关于资本收益率与要素密集度所反映的集群结构之间的关系，如式（3.20）所示：

$$r = F T_1^D T_2^{1-D} (1-h)^{1-D} - \delta \quad (3.20)$$

此时，消费的最优增长率可以表示为式（3.21）：

$$g_c = \frac{(r-\beta)}{\gamma} \quad (3.21)$$

上述分析中提及，为了保证经济存在稳定的平衡增长路径，消费、投资以及各类要素的增长率必须相等，而总产出的增长率可以根据国民收入恒等式得到，即有总产出增长率如式（3.22）。

$$g_y = \frac{(r-\beta)}{\gamma} = \left[F T_1^D T_2^{1-D} (1-h)^{1-D} - \delta - \beta \right]/r \quad (3.22)$$

由此可见，当其他条件保持不变时，经济体转型条件最终的增长率取决于集群产业部门的反映要素集约结构的参数 F、两部门的技术水平 T1、T2。现实中，国企对集群资源集约和技术创新的正向与负向作用都可能出现。要检验"国企主导"是否起到了促进集群转型的作用，则需要从两个方面进行考量，一个方面是要素的集约利用程度，即国企主导是否促进了制造业向着资源更为集约，生产要素消耗更低、高效率生产要素占据主导的方向转变；另一个方面是国企主导是否促进了区域技术水平创新的发展。然而，正如微观机制中指出，国企既可能通过其资金实力和政策优势，带动地区转型，也可能依靠着政策壁垒，起到维护低产能企业，增加资源消耗以及抑制和挤出创新投入的作用。因此，我们的研究提出两个关于国企主导影响制造业集群转型的假设：

H_3：国企主导可能会促进制造业集群要素利用向着更为集约可持续的方向发展。

H_4：国企主导可能会促进区域技术创新。

上述假设在东北的情形下是否成立，或者恰好得出相反的结论，仍然需要后面章节进一步的案例与数据进行检验。

第四节　转型路径选择

本章前三节都属于实证性研究范畴，即理论层面，国企主导型制造业集群的特征是什么，这一特征可能会对制造业集群发展产生怎样的影响。本节则将视角转移至规范性研究，探讨转型目标选择与最优路径问题，即什么样的集群形态对于东北地区制造业发展才是理想的，不同类型的国企主导型集群转型目标分别是什么。本书在上一节宏观增长模型的基础上建立了一个含有国企投资的增长模型，对上游、中游、下游国企主导型集群的转型路径分别进行分析，并说明各种形态的国企主导型制造业集群转型的最优路径与发展目标。本节内容的研究相较于实证部分，着重从理论上回答了"该怎样"的问题，与实证分析和下面章节的现实案例数据验证相结合，能够得到更为可信的政策启示。

国企主体的特殊性在于，其资本投资来自政府的财政收入，国企作为企业行为的主体，其决策目标依然是自身的利润最大化，模型只探讨主导国企的行为。模型关于消费者的假设与第一节相同，生产要素分为技术要素 A 与复合资本 K（包含人力资本与物质资本），国企从财政收入中获得的生产要素设为 X，集群中人口数为 N，财政收入来源于对总产出的比例征税，税率为 t，如式 3.23 所示。处在不同细分集群结构中主导国企的行为状况不同。最后，为了符合国企在集群中的主导地位，模型中的市场结构并非是完全竞争的。

$$X = tY \qquad (3.23)$$

一、上游国企主导型集群

根据上述中上游国企主导型集群的特征，主导国企一般是资源或者初级产品的生产企业，因此在该模型中，主导国企提供的产品定义为具有稀缺性的资源产品。这种产品的性质是，集群内企业共享该类产品且该类产品拥有一定程度的非排他性（如集群内供电、供油等基础设施），但是这种产品每一时期的供给总量是固定且有偿的，也具有一定私人产品的性质。主导国企的生产函数为柯布—道格拉斯形式（写成人均产出 y 与人均资本 k 的形式），并将生产函数代入到财政收入方程中如式（3.24）和式（3.25）所示。

$$y = Ak\left(\frac{X}{K}\right)^{\alpha} \qquad (3.24)$$

$$X = (tA)^{\frac{1}{1-\alpha}}K \qquad (3.25)$$

在式（3.24）中，X/K 表示每个国企获得的政府财政投资与企业自身投资之比，A 是一个介于 0 到 1 之间的常数。对于固定的政府投资数额（一般由财政预算先定），单个劳动者可获得的产出随着主导国企的投入提高而下降，并且国企自身投资 K 的边际收益随着投资提高而降低。因此，政府只要维持 X 的水平不变，主导国企的生产投资便具有不变的规模报酬，即实际情况中上游国企发展过度依赖规模的机械扩张。下面考虑财政收入，该情形下人均资本的边际产出为式（3.26）：

$$\frac{\partial y}{\partial k}(1-t) = (1-t)A\left(\frac{X}{K}\right)^{\alpha} \qquad (3.26)$$

仿照上一节中增长率分析方法，可以得到消费的最优增长率为式（3.27）：

$$g_c = [A^{\frac{1}{1-\alpha}}(1-t)^{\frac{\alpha}{1-\alpha}} - \beta]/\gamma \qquad (3.27)$$

实现消费所需上游主导国企中财政投资的最优条件是式（3.28）：

$$\frac{\partial Y}{\partial X} = 1 \qquad (3.28)$$

该模型的核心意义在于，式（3.27）和式（3.28）的最优消费与条件式表明，上游主导国企在集群中的作用并非是单纯正面或者负面的。当政府投资与主导国企的边际报酬小于 1 时，说明上游主导国企过度占用了社会财富，即所谓国企的低效现象；当边际报酬大于 1 时，说明政府对国企投资不足，此时上游主导国企的规模不足以控制资源以实现集群内福利的最优，此时可能会造成其他企业对资源的无节制开发与过度消费，最终降低社会总体福利水平。只有当政府投资上游主导国企使资本与产出以相同速率增长时，才会实现社会福利最大化。这一结论对于上游国企主导型制造业集群转型的启示是：集群转型时，决不能使国企完全退出这一领域，必须保持国企在资源领域以合理规模存在，以保持地区可持续发展能力。但是同时要降低政府对主导国企投资的无边际扩张，保持国企作为企业的适当盈利规模。因此，该类集群的转型最优方向应是引入私人资本，在保证主导国企对关键资源占有控制地位的同时实现国有企业与私人资本的合作。

二、中游、下游国企主导型集群

东北地区中游、下游国企主导型制造业集群的成因与规模经济关系密切，并且存在由于技术而造成的垄断，因此本模式下的生产函数设定为规模收益递增（Romer，1986），并在此基础上引入财政投资对模型进行修正，以说明中游国企主导型集群的发展路径，生产函数为式（3.29）和式（3.30）：

$$Y = ANK^{1-\alpha}X^{\alpha} \qquad (3.29)$$

$$X = (tAN)^{\frac{1}{1-\alpha}}k \tag{3.30}$$

可以求得均衡路径上的最优消费增长率为式（3.31）：

$$g_c = \left[(1-\alpha)(1-t)A^{\frac{1}{1-\alpha}}(tN)^{\frac{\alpha}{1-\alpha}} - \beta\right]/\gamma \tag{3.31}$$

实现消费所需中游主导国企中财政投资的最优条件是式（3.32）：

$$\frac{\partial Y}{\partial X} = \frac{\alpha}{t} \tag{3.32}$$

式（3.31）表明，在中下游国企主导制造业集群中，最优消费增长率随着集群内人口数量 N 的增加而增加，即所谓的规模经济。这说明东北制造业中下游国企因规模效应形成主导有一定的合理性，维持适当的规模集中有一定的合理性。因此中下游国企转型的一个先决前提是，合理选择需要保持国企主导和需要放开竞争的集群行业部门。根据科斯定理，当行业部门选择合理，则自然通过市场竞争的便是集群的竞争主体（可能是国企也可能是民营企业）从而实现产业结构的高级化。

与式（3.28）相比，最优消费增长率所需的主导国企财政投资条件不再是一个常数，这是因为中游国企提供的产品不再是总量固定的资源型产品，而是含有一定技术水平可再生的产品。可以看出，当政府投资 t 尽可能小时，但是政府投资在国企生产中的要素贡献度 α 尽可能大时，中下游国企的边际阐述水平更高，表示一个更高水平的平衡增长路径。这说明政府在中游国企主导型集群中的投资应尽可能地转向只能依赖于公共投资的国企，如高成本研发、基础设施建设、企业公共服务部门，且投资相对规模不宜过高，私人资本有意愿进入的部门，即使国企已经形成了一定的规模效益，也应当在保持市场稳定的前提下逐步退出，避免产生"与民争利"的现象。而对于下游国企，则应尽可能地取消由于政策造成的 t 的人为上升，支持高技术国企的发展，尽可能地实现消费品市场的自由竞争，甚至在一些行业或集群内，国企主导型集群的转型目标是引入充分竞争，消除由政策造成的国企主导地位。

第四章

东北地区国企主导型制造业集群发展现状分析

　　上一章从理论上对国企主导型制造业集群的特征、分类、增长与转型问题进行了探讨，为分析东北国企主导型制造业集群提供了一个适用的理论框架。本章将研究视角集中于东北，研究东北地区国企主导型制造业集群的发展现状，通过对比现实情况对东北地区国企主导型制造业集群的发展形成一个定性分析与整体认识。本章内容分为四个部分，第一部分是关于东北制造业集群发展的基本条件的评估，通过指标化的评估与对比，能够更为准确地了解当前东北制造业集群发展的现状。第二部分是关于增长现状的分析，增长现状主要分析东北国企主导型集群中国企的发展状况与现存问题。第三部分是东北地区国企主导型制造业集群增长转型分析。第四部分是东北地区国企主导型制造业集群负面效应分析。在强调国企主导可能起到的正面作用以及作用机制的基础上，对东北地区国企主导的负面作用进行了分析。在第三部分和第四部分中，通过东北地区国企在增长与转型中的现状与作用以及负面影响的分析，能够更为精准地定性认识东北地区"国企主导"对制造业集群发展形成的影响，为下面的实证检验提供更为坚实的现实依据。

第一节　东北地区国企主导型制造业 集群基础条件评价

　　第一章研究背景介绍时已经提及东北地区国企主导型制造业集群的发展在经历了一个阶段的高速增长后，陷入当前发展滞缓的瓶颈阶段。东北国企主导型制造业集群突破发展瓶颈、实现转型发展成为迫切需求。如果要具体分析东北地区国企主导型制造业集群的转型和增长问题，首先要对东北制造业集群发展的整体情况做出准确的评价与定位。现有文献关于东北制造业集群发展的优势、劣势的研究并不少见（李伟民，2015[①]；戴卫东等，2015；何星蓉，2018），但是通过个别案例或者个别方面的总结很难体现出东北制造业集群发展的全貌，并且采用案例说明缺乏可比性。因此，本章将通过建立指标体系对制造业集群发展的影响因素进行一个指标体系分析，并与国内制造业发达的地区相对比，来说明东北制造业集群发展的基础条件。用于评价关键因素的指标体系分为目标层、判断层和指标层三个层次。参考现有关于制造业集群评价的相关研究（郑建壮，2005[②]；付晓东，2011[③]；孙韬，2011[④]；王素君等，2014[⑤]；韩东林，2015[⑥]），并结合考察国企主导型集群转型影响因素这一研究目的，每一层次指标选择如下：其中目标层为东北地区

　　[①]　李伟民：《东北老工业基地区域技术创新竞争力研究》，博士学位论文，辽宁大学，2015 年。

　　[②]　郑建壮，《基于资源整合理论的制造业集群竞争力的研究》，博士学位论文，浙江大学，2005 年。

　　[③]　付晓东，《产业集群与东北老工业基地产业布局调整》，载《经济纵横》，2011 年第 9 期。

　　[④]　孙韬：《东北装备制造业技术创新支撑体系研究》，博士学位论文，吉林大学，2011 年。

　　[⑤]　王素君、马银戌：《河北省装备制造业竞争力评价研究》，载《河北经贸大学学报》，2014 年第 3 期。

　　[⑥]　韩东林、程琪、葛磊：《中国四大航空制造业集群创新能力实证研究》，载《科技进步与对策》，2015 年第 5 期。

国企主导型制造业集群发展现状评价，是评价模型建立的出发点与最终目标；判断层是根据数理分析得到的几个主要影响因素，此外，为了避免核心因素以外的其他变量对评价准确性的影响，评价体系中还包含了一些关于东北地区经济社会发展基础情况的其他指标；指标层为 18 个不同的具体指标，所有指标均为正向指标。每个具体指标的选择理由与数据标准详细说明如表 4 - 1 所示。

表 4 - 1　　　　国企主导型制造业集群转型绩效评价指标体系

目标层 （一级指标）	判断层 （二级指标）	指标层（三级指标）
东北地区国企主导型制造业集群发展现状评价体系	国企现状	政府投资额（ + ） 国有企业占比（ + ） 地区投资额（ + ）
	社会经济基础	人均铁路营业里程（ + ） 人均公路里程（ + ） 人均光缆线路长度（ + ） 人均电能消费量（ + ）
	产业结构	产品进出口总额（ + ） 工人人均工资（ + ） 第二产业增加值（ + ） 第三产业增加值（ + ）
	科技创新	高校及科研机构副高级职称人数（ + ） 人均研发经费（ + ） 人均专利申请量（ + ）
	人力资本培育	基本养老保险人数（ + ） 基本医疗保险人数（ + ） 每万人大学生数（ + ） 年空气良好天数（ + ）

1. 国企现状

国有企业是接受政府投资和补贴最多的企业主体（辛清泉等，2007[①]；

[①]　辛清泉、林斌、王彦超：《政府控制、经理薪酬与资本投资》，载《经济研究》，2007年第 8 期。

杜兴强等，2011①），政府投资一直是反映区域国企发展情况的重要指标，因此指标体系中依然将政府投资作为反映国企状况的重要变量。同时选择国有企业占比与地区投资两个指标，从绝对和相对两个层面分别反映国企主导型集群的所有制结构特征。

2. 社会经济基础

制造业集群发展的根基是区域内的社会经济发展水平，而在经济社会发展水平中与制造业集群发展最为相关的是基础设施建设情况。为了反映东北地区制造业集群发展的经济社会基础，本章选取了人均铁路、公路交通里程数代表区域基础设施的指标；选取人均光缆线长度与人均电能消费量反映产业集聚的重要物质前提条件。

3. 产业结构

本章选取地区产品进出口总额和工人人均工资反映产业转型升级的基础条件与整体环境；通过第二产业增加值对东北制造业集群的发展状况进行测度；通过第三产业增加值来评价生产性服务业对于东北地区国企主导型制造业集群产业转型升级的作用。

4. 科技创新转化

本章将科技创新能力分解为科技研发能力与科技成果转化能力两个维度，以高校及科研机构副高级职称人数反映科学技术的研发能力；以人均研发经费、人均专利申请量两个指标反映科技成果转化能力（徐伟民等，2003；郭研等，2015②；姚立杰等，2018③），以此来分析说明东北地区制造业集群在科学技术与创业创新方面的发展状况。

5. 人力资本培育

人力资本培育也是集群转型的重要动力，选取每万人大学生数表示

---

① 杜兴强、曾泉、杜颖洁：《政治联系、过度投资与公司价值 ——基于国有上市公司的经验证据》，载《金融研究》，2011 年第 8 期。

② ［96］郭研、郭迪、姜坤：《政府资助、项目筛选和企业的创新产出——来自科技型中小企业创新基金的证据》，载《产业经济研究》，2015 年第 2 期。

③ 姚立杰、周颖：《管理层能力、创新水平与创新效率》，载《会计研究》，2018 年第 6 期。

人力资本的生产状况；社会养老保险和医疗保险人数反映的是地区对既有人力资本的保护状况；与此同时，健康人力资本问题也是劳动经济学的前沿问题之一，尤其是对制造业而言，工人健康状况的维持与产业转型有着很强关联（闫文娟等，2012[①]；方达等，2018[②]），因此也把环境因素纳入人力资本评价中。

基于东北地区国企主导型制造业集群发展现状指标评价体系，本部分三个过程进行构建东北地区国企主导型制造业集群发展现状指标评价体系数学模型：第一步，对数据进行标准化处理；第二步，采用熵权法确定评判指标的权重；第三步，建立数学模型对集群发展现状进行量化评价；第四步，对评价结果分数进行百分化简便处理。

6. 数据的标准化处理

因为指标评价体系的指标层数据（基础层指标）的测量单位与量纲不同，并且通常数值相差也较大，所以不可以直接进行运算，需要预先对数据进行标准化处理，即无量纲化处理，令其转化为无量纲的指数化数值或者得分后，才可以进行指标计算。将指标数据进行无量纲化处理，采用的是 Z – score 处理法，此方法得到的数据最大程度上保留了数据本身的统计特性，利于熵值法确定权重。该方法将指标数据转化为均值为 0、方差为 1 的一组数集，无量纲化的数值有正负值，正值则表示该指标的原始数据高于平均值，负值则表示原始数据低于平均值。

（1）对参与指标体系计算各个变量 x_{ij} 的数学期望 μ_{ij} 与标准差 S_i，如式（4.1）和式（4.2）所示：

$$\mu_i = \frac{\sum_{i=1}^{n} x_{ij}}{n} \tag{4.1}$$

$$S_i = \sqrt{\frac{1}{n} \sum_{i=1}^{n} (x_{ij} - \mu_i)} \tag{4.2}$$

① 闫文娟、郭树龙、史亚东：《环境规制、产业结构和就业效应：线性还是非线性?》，载《经济科学》，2012 年第 6 期。

② 方达、张广辉：《环境污染、人口结构与城乡居民消费》，载《中南财经政法大学学报》，2018 年第 6 期。

进一步地，得到标准化的变量值 Z_{ij}，其计算公式为式（4.3）：

$$Z_{ij} = \frac{x_{ij} - \mu_i}{S_i} \tag{4.3}$$

需要注意的是运用熵值法确定权重必须要求各指标的数值均大于零，针对此问题目前学术界普遍采用的方法是平移化处理（唐榕，2009[①]；李平等，2010[②]），因为平移单位的大小会影响到指标权重的确定，相关研究表明平移值的大小应该尽可能地接近该指标的最小值。考量到数据的精确程度，本章将平移的数值确定为每项指标的最小值加0.0001。

（2）关于权重指标的确定。指标权重为各级指标在指标评价体系中对评价目标所起作用的大小程度。指标权重值的确定直接关系到发展现状指标综合评价的结果，权重值的变动可能导致被评价对象排名的变动。因此，准确、合理地确定对口合作评价指标体系中各个指标的权重，对进行指标综合评价是至关重要的。考虑到方法的可比性与东北地区制造业集群发展的实际情况，本章选择国际上比较常用的熵值法来确定各指标的权重。熵值法（entropy method）是指一种根据各项指标观测值所提供的信息量的大小来确定指标权数的方法。熵是热力学中的一个名词，在信息论中又称为平均信息最量，它是信息的一个度量，仍称为熵。熵值法的计算方法与步骤如下：

根据信息论的定义，在一个信息通道中传输的第 i 个信号的信息量 I_i 为式（4.4）：

$$I_i = -\ln p_i \tag{4.4}$$

式（4.4）中，p_i 是这个信号出现的概率，因此，如果有 n 个信号，其出现的概率分别为 p_1，p_2，…，p_n，则这 n 个信号的平均信息量，即熵为式（4.5）：

---

① 唐榕，《装备制造业企业核心竞争力评价指标体系构建》，载《东北财经大学学报》，2009 年第 4 期。

② 李平、王钦、贺俊：《中国制造业可持续发展指标体系构建及目标预测》，载《中国工业经济》，2010 年第 5 期。

$$-\sum_{i=1}^{n} p_i \ln p_i \qquad (4.5)$$

下面，利用熵的概念，给出确定指标权系数的熵值法。

设 $x_{ij}(i=1, 2, \cdots, n; j=1, 2, \cdots, m)$ 为第 j 个系统（被评价对象）中的第 i 项指标的观测数据。对于给定的 i，x_{ij} 的差异越大，该项指标对被评价对象的比较作用就越大，亦即该项指标包含和传输的信息越多。信息的增加意味着熵的减少，熵可以用来度量这种信息量的大小。用熵值法确定指标权数的步骤如下：

首先，计算第 j 项指标下，第 i 个被评价对象的特征比重，这里假定 $x_{ij} \geq 0$，且 $\sum_{j=1}^{m} x_{ij} > 0$，则有式（4.6）。

$$p_{ij} = x_{ij} \Big/ \sum_{j=1}^{m} x_{ij} \qquad (4.6)$$

其次，计算第 i 项指标的熵值，如式（4.7）所示：

$$e_i = -k \sum_{j=1}^{m} p_{ij} \ln p_{ij} \qquad (4.7)$$

其中，$k > 0$，$e_i > 0$。

最后计算指标 x_i 的差异性系数。对于给定的 i，x_i 的差异越小，则 e_i 越大；当 x_{ij} 全都相等时，$e_i = e_{max} = 1(k = 1/\ln m)$，此时对于被评价对象间的比较，指标 x_{ij} 毫无作用；当 x_{ij} 差异越大，e_i 越小，指标对于被评价对象的比较作用越大。因此，定义差异系数 $g_i = 1 - e_i$，g_i 越大，越应重视该项指标的作用。确定权重 w_i，如式（4.8）所示：

$$w_i = g_i \Big/ \sum_{i=1}^{m} g_i \qquad (4.8)$$

（3）权重确定之后，接下来就是东北地区国企主导型制造业集群发展现状评价的数学定量模型，用来计算东北地区与作为对照的东部地区在五类影响因素上的绩效评价得分。评价得分越高，表明该地区在对口合作的这一领域中工作绩效突出或者具有比较优势。具体的制造业集群发展现状评价模型为式（4.9）和式（4.10）：

$$Y = \sum_{j=1}^{m} \sum_{i=1}^{n} x_{ij} w_{ij} \qquad (4.9)$$

$$Y_i = \sum_{j=1}^{m} x_{ij} w_{ij} \qquad (4.10)$$

其中，Y 为东北地区与东部地区制造业集群发展现状评价综合得分，Y_i 是第 i 个要素指标的评价得分，x_{ij} 是第 i 个要素指标在第 j 项基础层指标的标准化数值，w_{ij} 为该基础层指标的权重。

为了更为直观地比较东北地区国企主导型制造业集群发展现状与东部地区的差异，以便能够更为直接地认识和找出影响东北地区国企主导型制造业集群转型升级的关键因素，本章对评价结果得分进行了百分化处理。处理方法为将每项评分最高的指数设为 100，该项其他指数为本项得分与最高得分作商再乘以 100，最后得到的所有得分都位于 0～100 之间。

构建东北地区国企主导型制造业集群发展现状评价的指标体系后，对某个地区进行评价时，因为各个指标的权重已经确定，故仅需录入该地区的基础层指标的标准化值即可获得该地区的总体综合得分，以及各个判断层、基础指标层的指标评价得分情况。在评价模型的基础上，通过可获得的最新数据对相关各省情况进行评价打分，并通过得分说明东北地区国企主导型制造业集群发展现状。考虑数据的可获得性与研究的一致连贯性，东部地区对照组选择江苏、浙江与广东三个制造业发展较为成功的省份。所有数据均来自《中国统计年鉴》《中国国有资产监督管理年鉴》和各地方统计年鉴，经过模型计算，最终得到对口合作各省份 2016 年评价得分状况如表 4-2 所示：

表 4-2　　　　东北地区与东部地区制造业集群发展现状评价

判断领域	辽宁	江苏	吉林	浙江	黑龙江	广东
国企现状	66.32	79.31	49.77	70.05	42.12	100
社会经济基础	72.77	80.96	45.1	100	22.99	76.76
产业结构	17.79	75.29	7.3	48.79	16.67	100
科技创新	38.25	100	27.3	67.75	30.58	72.13
人力资本培育	65.67	69.15	15.49	68.13	30.16	100
总分	53.51	81.71	27.23	70.94	30.21	87.62

资料来源：《中国统计年鉴》《中国国有资产监督管理年鉴》（2016）。

根据评价指标体系的情况，总体而言，对比近几年制造业集群产值较高且发展迅速的东部地区，吉林、黑龙江省在总体得分上差异较大，各方面基础条件较弱，集群增长方面可能面临更为急迫的需求，而辽宁省则在维持制造业稳定增长的同时，需要对集群的转型进行更为深入的探索。现实中，增长和转型是一个集群发展不可或缺的两个方面，这两个方面并非独立的，而是相互联系的，对转型与增长的分解，更有利于对东北地区制造业国企主导型集群发展的问题进行研究。与理论模型相对应，本章接下来的内容将会对东北地区国企主导型制造业集群的增长与转型问题分别进行说明。

第二节　东北地区国企主导型制造业集群增长现状分析

本节采用相关系数空间分布的可视化表达，以此更为直观地反映东北地区国企主导型制造业集群的增长的空间分布。首先，本章查阅东北三省的统计年鉴与相关地区的政府统计公报，出于数据的可获得性，选取 2008~2017 年以地级市为单位的数据，分别计算了规模以上工业企业单位产值与国有及国有控股工业企业数量之间的相关系数，从总体上反映国有企业发展与制造业集群发展的关系。相关系数在 [-1, 1] 之间，大于 0 则说明两个指标在统计意义上正相关，反之相反。通过对比截至 2010 年与截至 2017 年的相关系数发现，东北地区"国企主导"这一特征对制造业集群发展的影响虽然呈现出下降的趋势，但是在主要制造业聚集区仍然存在。截至 2010 年，东北地区只有黑龙江的黑河、佳木斯相关系数小于等于零（大兴安岭林区数据缺失），说明国企数量可能并未与制造业增长存在正相关关系，这可能与这些地区的国企绩效较差、工业不发达有关。但是截至 2017 年，依然是这三个市的相关系数小于或者数据缺失，很多地区这一相关系数有所下降，其中以辽宁和吉林西部地区的下降最为明显。造成这些地区以相关系数反映的"国企主导"程度下降的原因可能是民营企业的发展、地区国企的重组和国企产业布局的调整。

但是东北制造业集群"国企主导"的特征仍然十分明显，且对集群增长有显著的影响。不论是 2010 年还是 2017 年，东北主要制造业聚集区，特别是辽中南装备制造业集群、哈大齐装备制造业集群和长春制造业集群其相关系数均大于 0.3，相关程度最高的沈阳市则达到了 0.69，说明在东北制造业主要聚集区，国企对区域制造业增长的正向影响依然十分强大。辽宁大连、鞍山、营口的相关系数甚至出现了上升，表明这些地区国企对制造业集群增长的正向影响可能是呈现出了增强的趋势。一个可能的解释是大连、营口恰好是辽宁自贸区的主要片区，国有制造业企业可能在这些地区布局了更多针对制造业产品出口的相关资本，因此这些地区制造业国企对集群的影响增加了。鞍山国企的影响则更多地可能来自鞍山钢铁产业集群的发展与鞍山钢铁集团的发展。

从相关系数的空间分布上，能够从整体上反映出"国企主导"对于东北制造业集群增长的影响总体上呈现出正相关关系。这种反映方式虽然直观，但是缺乏一定的严密性。按照第三章理论模型分析，集群增长的表现有两种，即产值的增长和空间集聚，但是这种相关系数却无法反映两种增长。与此同时，简单的相关系数并不能排除其他会造成统计误差的因素。因此，虽然从相关系数所反映的定性情况上看，东北地区国企主导这一特征会对制造业集群发展产生正向影响，但是还需要更为严密的定量分析进行验证。

第三节　东北地区国企主导型制造业 集群增长转型分析

相对于集群增长，集群转型包含的含义更为丰富，反映集群转型的方法也更为多元。产业结构高级化是建立和实现高效益的产业结构的过程（何盛名，1990），产业结构包括产业内的部门结果可以从总体上反映一个产业高级化的现象（黄桂田，2012①；张志园等，2015；黄毅敏等，2015②），研究发现制造业产业部门的结构中，东北制造业集群呈现出明显的制造业部门结构"逆高级化"的特殊现象，这也在一定程度上说明了东北国企主导型集群原有结构的转型的合理性与必要性。从三次产业结构角度来看，产业结构高级化是指主导产业由第二产业向第二与第三产业发展；从产业内部部门角度来看，是指主导部门由劳动密集型产业向资金密集型、技术密集型转化；从产品形态角度来看，是指主导产品由原料或初级制成品向高层级中间产品、最终产品转化。一般而言，产业结构向着高级化的方向发展是产业发展的规律，但是按照产业结构高级化后的两个角度衡量，东北地区制造业集群却出现了一个"逆高级化"的特征。本章选取了 2002 年、2011 年、2015 年三个时间节点，将东北地区产值排名前五的行业及其占地区工业产值的比重与东部发达地区相对比，来说明东北地区制造业集群特有的"逆高级化"现象，如表 4 - 3 所示。

表 4 - 3　　　东北三省与制造业发达省份产值前五位的行业变动

单位：亿元，%

省份	2015 年			2011 年			2002 年		
	行业	产值	比重	行业	产值	比重	行业	产值	比重
辽宁	石油	3307.85	9.87	有色	5920.23	13.82	石油	759.56	15.58
	黑色	3204.74	9.57	酒饮料	3899.57	9.10	黑色	624.48	12.81
	农副	2925.30	8.73	电力热力	3413.80	7.97	汽车	376.25	7.72
	汽车	2776.42	8.29	家具	3261.38	7.61	计算机	307.41	6.30
	通用设备	2352.02	7.02	造纸	2727.10	6.36	化学	298.85	6.13

① 黄桂田：《产业组织理论》，北京大学出版社 2012 年版。
② 黄毅敏、齐二石：《工业工程视角下中国制造业发展困境与路径》，载《科学学与科学技术管理》，2015 年第 4 期。

续表

省份	2015 年			2011 年			2002 年		
	行业	产值	比重	行业	产值	比重	行业	产值	比重
吉林	汽车	5478.09	23.76	汽车	4608.60	27.24	汽车	1011.95	47.17
	农副	3360.56	14.58	农副	2194.63	12.97	石油	182.17	8.49
	医药	1858.86	8.06	化学	1143.64	8.53	化学	122.59	5.71
	非金属	1677.72	7.28	非金属	1045.91	6.18	食品	78.22	3.65
	化学	1559.70	6.76	医药	877.11	5.18	黑色	68.60	3.20
黑龙江	农副	2691.30	23.18	石油	2174.50	22.18	石油天然气	864.71	29.72
	电力热力	1154.50	9.95	农副	1669.80	17.03	石油	433.89	14.91
	石油	988.63	8.52	石油	1445.70	14.75	电力热力	282.79	9.72
	石油天然气	954.52	8.22	电力	989.70	10.09	汽车	178.30	6.13
	食品	559.80	4.82	食品	487.70	4.97	农副	158.80	5.46
江苏	计算机	18896.93	12.61	计算机	14714.02	13.66	纺织	1539.75	11.10
	化学	16810.32	11.22	化学	11849.96	11.00	电子	1418.97	10.23
	电气	16266.32	10.86	电气	11753.47	10.92	化学	1359.74	9.81
	黑色	9263.25	6.18	黑色	9128.65	8.48	普通机械	949.72	6.85
	通用设备	8820.61	5.89	纺织	5740.24	5.33	电气	928.27	6.69
浙江	电气	6302.90	9.43	纺织	5805.65	10.29	纺织	1348.17	13.79
	纺织	6026.50	9.02	电气	5052.94	8.96	电气	840.60	8.60
	化学	5398.30	8.08	化学	4587.33	8.13	普通机械	614.93	6.29
	电力热力	4329.50	6.48	通用设备	3905.93	6.92	服装	595.75	6.09
	通用设备	4289.70	6.42	交通	3895.13	6.91	交通	520.86	5.53
广东	计算机	30658.71	24.60	计算机	22865.39	23.92	纺织	1539.75	11.10
	电气	12428.41	9.97	电气	9623.39	10.07	电子	1418.97	10.23
	电力热力	6405.36	5.14	化学	4731.53	4.95	化学	1359.74	9.81
	化学	6315.93	5.07	金属	4114.55	4.30	普通机械	949.72	6.85
	汽车	5955.96	4.78	汽车	3845.06	4.02	电气	928.27	6.69

总计	2015 年			2011 年			2002 年		
	行业	产值	比重	行业	产值	比重	行业	产值	比重
全国	计算机	91378.86	8.28	黑色	63136.66	7.63	计算机	11130.96	10.25
	化学	83256.38	7.54	计算机	62567.28	7.56	汽车	8217.89	7.57
	汽车	70225.35	6.36	汽车	62256.41	7.52	化学	7065.78	6.51
	电气	69558.22	6.30	化学	59478.30	7.19	黑色	6472.00	5.96
	农副	65835.97	5.96	电气	50141.59	6.06	纺织	6221.93	5.73

注：石油：石油加工、炼焦和核燃料加工业；黑色：黑色金属冶炼和压延加工业；化学：化学原料和化学制品制造业；农副：农副食品加工业；汽车：汽车制造业；有色：有色金属矿采选业；酒、饮料：酒、饮料和精制茶制造业；电力热力：电力、热力生产和供应业；家具：家具制造业；造纸：造纸和纸制品业；计算机：计算机、通信和其他电子设备制造业；纺织：纺织业；机械：机械工业；通用设备：通用设备制造业；医药：医药制造业；非金属：非金属矿物制品业；食品：食品制造业；电气：电气机械和器材制造业；木材：木材采运业；煤炭：煤炭开采和洗选业；电子：电子及通信设备制造业；普通机械：普通机械制造业；服装：服装及其他纤维制品；建材：建筑材料工业；交通：交通运输设备制造业；金属：金属制品业；器材：器材制造业。

资料来源：《中国工业统计年鉴》（2003，2012，2016）。

纵观东北制造业产业内部状况，并与全国制造业较发达的浙江、广东、江苏做比较，发现东北地区产值较高的制造业多为金属加工、石油化工等处在制造业上游、附加值较低的行业部门，而附加值较高的电气制造、计算机、汽车制造等行业则发展缓慢或者出现衰落。与此相反，东南沿海发达省份的计算机、电气、精密化工等行业逐渐兴起，正在逐步取代东北地区的制造业历史优势，成为更有竞争力的中高端制造业集中地区。这一"逆高级化"的集群结构特征给东北制造业带来最直接的影响就是企业盈利能力的整体下降。根据统计数据显示，2016 年辽宁、吉林、黑龙江三省工业企业的人均主营业务收入分别为 111.84 万元、149.8 万元、93.82 万元，主营业务利润率分别为 3.22%、5.41%与 3.97%，多数指标低于全国平均水平的 113.54 万元与 5.96%，规模以上工业企业盈利状况更加不容乐观。

造成东南沿海制造业崛起与东北地区制造业衰落反差的主要原因是

技术的更新换代。改革开放以来，东南沿海地区凭借地理及政策优势，引进先进设备，建立起潜力较大的制造业结构，逐渐赶超东北地区，使工业重心逐渐南移。近年来制造业部门涌现出一批战略性新兴产业、高端产业，诸如计算机电子设备、机器人、航空装备、先进轨道交通制造等。受技术创新限制，东北地区在这些制造业领域实现的产值不高，在全国所占份额逐年缩减。例如，计算机及高端电子设备制造业，东北地区该行业产值 2015 年仅占全国总产值的 1% 左右。

进一步地，研究需要探索东北地区"国企主导"这一特征是否对制造业集群的转型甚至"逆高级化"问题的产生存在着影响。如果是，那么这种影响的方向是正向的还是负向的？影响可能的具体作用机制是什么？第三章理论模型中指出，技术发展水平和资源的集约利用程度是制造业集群转型的重要动力，这也与我国提出的五大发展理念之中的"绿色"和"创新"理念相一致。因此，采用第四章第二小节中相关系数空间分布的方法，将"国企主导"对制造业集群绿色与创新发展的影响做出一个定性判断。

一、制造业集群绿色发展

"绿色"发展是党和国家针对资源日益紧缺、环境日益恶化的情况树立的重要发展理念。已有研究表明，资源紧缺和环境恶化问题不仅会从资源储备上抑制制造业集群的发展潜力，还会对区域经济增长、制造业人力资本积累和管理成本等方面带来不良影响（李琳等，2017[①]；曾冰，2018；袁宝龙，2018；张峰等，2019[②]），从而阻碍制造业集群的高质量发展。特别是东北地区作为重要的重工业聚集区，生态环境恶化对居民消费的负面影响会更为突出，进而对东北国企主导型制造业集群

[①]　李琳、王足：《我国区域制造业绿色竞争力评价及动态比较》，载《经济问题探索》，2017 年第 4 期。

[②]　张峰、宋晓娜、董慧中：《粤港澳大湾区制造业绿色竞争力指数测度与时空格局演化特征分析》，载《中国软科学》，2019 年第 10 期。

的发展产生更为恶劣的影响。相对于其他产业部门，制造业会产生更大的污染与能耗，受到长期粗放型增长模式的影响，东北地区大多数制造业企业都面临着能耗过大、污染严重的问题。如表4-4所示，表中列出了2017年东北地区制造业发展污染能耗数据，在所选取的四个指标中，发现除吉林省有个别指标低于全国制造业发达省份外，东北地区的制造业环境污染与能源消耗均远远高于发达省份水平，污染情况十分严重，生态环境面临极大的恶化风险。因此，东北地区制造业转型的一个重要目标，就是实现制造业污染水平的下降与资源节约程度的提升。

表 4-4　　　2017 年东北地区与全国制造业发达省份污染能耗状况比较

单位：吨/亿元

省份	万元 GDP 废水排放量	亿元 GDP 烟（粉）尘排放量	亿元 GDP 二氧化硫排放量	亿元 GDP 氮氧化物排放量
辽宁	10.26	29.18	50.77	27.66
吉林	6.57	14.80	12.73	20.35
黑龙江	8.99	29.04	21.97	35.05
浙江	9.12	3.86	5.68	8.05
广东	7.46	3.48	4.37	10.42
江苏	7.97	6.10	11.91	12.02

资料来源：《中国统计年鉴》（2018）及各省统计年鉴，部分数据由笔者计算整理。

　　进一步地，需要了解"国企主导"是否对东北地区制造业的环境污染状况产生的影响。与第四章第二小节方法相类似，选取 2008～2017 年东北地区各地级市单位工业企业产值与工业废气排放量（万标准立方米/元）与国有工业企业数量之间的相关系数反映"国企主导"对东北制造业集群绿色发展的影响。通过对比发现相较于"国企主导"对大多数东北地区的工业产值存在正相关，关于环境污染的影响则有正有负。部分地区的工业国企数量与单位产值工业废气排放量的相关系数为正，说明国企主导可能造成了东北地区污染排放情况的加剧。一个可能的现实机制是，相较于私有企业，东北国企拥有更为稳定的市场地位与政策袒护，因此国企更没有意愿引入更为高效清洁的产能，从而造成了国企主导反而增加了环境污染的结果。另一部分相关系数为负的地区，说明国企主导则有利于制造业向着资源节约、环境友好的方向转变。可能的现实机制是，国企拥有雄厚的实力，也更可能响应政府号召，引进更为先进绿色的生产线，并且投资于增强生产可持续性的项目。

但是比较 2010 和 2017 年相关系数的空间分布，发现相较于 2010 年，2017 年国有工业企业数量与废气排放的相关系数总体出现了显著降低的态势。甚至在一些制造业集聚的核心城市，如哈尔滨、营口和抚顺，相关系数由正转负，说明"国企主导"对集群绿色发展的促进作用正在逐渐显现。结合本阶段东北发展的实际情况，本书认为可能的原因是，"去产能"作为供给侧改革的重要内容，在此过程中，东北地区的一些高污染制造业国企，如金属冶炼加工、水泥产业等率先关停落后产能并引入清洁生产线，降低了能源浪费并且提高了绿色生产效率。

总而言之，正如理论模型中所述，"国企主导"对于资源集约的利用的影响存在着正负两方面的可能性，从时间跨度的变化上来说，"国企主导"对制造业集群绿色发展的影响的总效应可能是正向的。但是东北地区很多城市的相关系数是正向的，因此说明国企主导也可能阻碍着绿色发展。总效应的正负仍然很难从相关系数的空间变化上得出，这一问题将在第六章进行更为严密的实证研究。

二、制造业集群创新发展

技术创新是制造业集群发展的根本动力。如上所述，东北地区近些年制造业的衰落很大程度上源于技术密集的高端制造业发展的不足，致使集群难以实现向中高端制造业转型的目标。对东北地区制造业集群而言，科技研发投入和人才是完成集群转型升级的两个根本因素，但是东北地区在这两方面仍然存在着一定的欠缺。

科技研发投入方面，当地政府对于企业创新研究的政策支持力度仍然不够。政府的创新支持政策会显著地改善制造业企业特别是需要技术研发的中高端制造业企业的行为，有利于降低制造业产品市场的垄断程度，提升市场活力，而反之，则会降低市场活力。采用工业企业研究与实验经费占 GDP 比重来衡量政府对制造业技术创新的支持力度，2017年除辽宁省这一比重超过 1%，达到 1.09% 以外，东北地区其余两省这一占比均在 1% 以下，处于较低水平，甚至低于某些西部省份。而江苏、广东与天津这一占比分别达到 2.14%、2.07% 与 1.97%，相当于东北平均水平的近三倍，如图 4 – 1 所示。

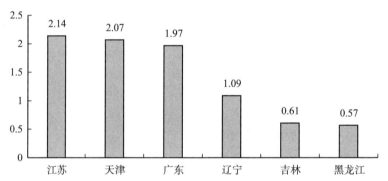

图 4 – 1　2017 年东北三省与部分制造业科技投入较高省份工业企业研究与实验经费占 GDP 比重

资料来源：2018 年度《中国统计年鉴》与《中国工业统计年鉴》。

第三章理论模型中已经指出，"国企主导"很可能通过政策影响和知识溢出的机制影响制造业集群的行为。一方面，东北制造业国企拥有更为雄厚的实力，愿意投入更多经费进行生产研发与技术创新。同时，具有高技术的国企可能通过产业链、供应链和人员流动等方式，实现从主导国企到集群内其他企业的知识溢出，进而促进制造业集群创新发展。另一方面，国企也可能面临着研发低效率、浪费创新补贴等问题，不利于区域制造业的创新发展。遗憾的是，由于东北市地一级研发投入数据缺失过多，无法以此进行市地层面的相关系数空间分布的计算。本章采用科学研究、技术服务和地质勘探业（以下称"科技发展相关产业"）的固定资产投资作为代替指标，此指标可以反映市场化研发行为的开展情况。通过计算相关系数，发现截至 2010 年和 2017 年的空间分布变化不大。经对比发现在辽中南、长春和哈大齐三个主要制造业集群内，工业国企数量与科技发展相关产业固定资产投资呈现出显著的正相关，说明在制造业集群内部，国企主导可能发挥着促进创新的作用。并且沈阳、大连和哈尔滨三个国企和创新活动集中城市的周边城市，相关系数有提高的趋势，说明理论模型中所提及的知识溢出效应可能存在。单纯从相关系数空间分布上很难定量反映基于产业链的知识溢出效应，核心国企是否能通过知识溢出带动集群创新发展，将成为下面章节需要检验的一个重要机制。因此存在以下假设：

H$_5$：东北地区"国企主导"可能通过知识溢出促进制造业集群转型。

另一方面，人力资本问题因素是导致东北地区创新动力不足的重要原因。东北制造业集群在人力资本方面面临着熟练工人和技术人才流失严重的问题。劳动力供给与制造业发展工人需求之间存在的矛盾导致大量熟练工人外流，没能形成第三章理论模型中提及的"干中学"效应。制造业发展需要大量的熟练技术工人作为支撑，东北地区熟练工人队伍的萎缩直接导致了东北地区制造业转型升级动力不足的状况。造成熟练工人减少的客观原因中，人口增长率的持续走低影响着工人队伍的基数。自 2007 年以来，东北地区的人口增长率开始低于全国平均水平，且于 2014 年开始出现地区人口负增长，截至 2016 年，东北地区人口增长率为负的 0.34%，低于全国平均水平近 1 个百分点。如图 4 - 2 所示，主观原因上，熟练工人的传承断代造成了中青年工人骨干数量的萎缩。虽然东北地区人口增长率日趋走低，但是东北地区的中青年劳动力并未如媒体报道所示出现严重流失，观察东北 2007～2016 十年间抚养比数据，除个别年份外，东北三省的人口抚养比始终低于全国平均水平，从这一角度来说，东北的中青年劳动力状况实际优于全国平均水平。如图 4 - 3 所示，而真正造成东北劳动力供给不足的原因是结构性的，出于福利待遇、社会观念、市场结构等方面的问题，东北本地的中青年不愿意继承老一辈工人的技能,纷纷选择转行或者去往异地就业,这就造成了东北熟练工人队伍的年龄断层,从而导致了东北熟练工人供给的严重不足。

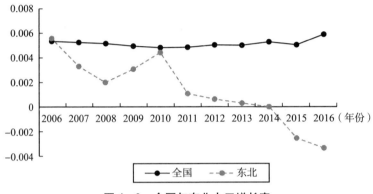

图 4 - 2　全国与东北人口增长率

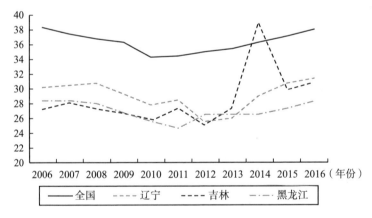

图 4 - 3　全国与东北地区人口抚养比

资料来源:《中国统计年鉴》(2007~2017)。

与此同时,东北的人才培养机制与人才吸引能力之间存在矛盾。东北地区人才培养机制成熟、各级教育机构众多、教育体系完善、义务教育普及率高,也是全国人口文化水平较高的地区之一。根据全国第六次人口普查结果，全国每10万人拥有大专及以上学历人口数为8930人，而这一指标在辽宁、吉林、黑龙江分别为11965人、9890人和9067人，分别是全国平均水平的133.98%，110.75%和101.53%，人才培养状况领先全国。但是与人才培养状况构成鲜明对比的是东北对人才的吸引力持续减弱，在一项针对东北两所"985"高校应届毕业生就业意愿的调查中，离开东北就业的毕业生占到调查人数的67%，有近四成的毕业生流向北京、上海、广州等一线城市；另一项在武汉某高校开展的毕业生就业状况调查中，该校东北生源仅有1/5的学生愿意回到东北就业。

　　造成这一矛盾的深层次原因是东北地区的城镇化发展规模与城市发展质量不相适应，这也是东北制造业集群不能很好地与当地社会发展水平相匹配，即集群发展"嵌入性"问题的一个重要表现（Balland et al.，2014；Beghin et al.，2015；董津津等，2019①；倪渊，2019②）。城市是人才的空间载体，只有高质量城市才能吸引更高水平的人才进入本地区进行工作。历史上受到工业化政策主导，东北地区城市发展进入扩张阶段，在改革开放前，东北地区一直是中国城市化发展速度最快的地区。截至2016年，辽宁省城镇化率为67.37%，城镇化水平位居全国省级行政单位前五名，吉林、黑龙江地区的城镇化率也在全国平均线左右。与此对应的是东北城市发展质量较低，缺乏对人才特别是高素质人才的吸引力，例如：黑龙江地区城市密度为5244人每平方千米，是全国平均水平的两倍，城市人口拥挤，公用基础设施缺乏吸引力；如图4-4所示，东北三省除辽宁外，吉林、黑龙江两省2012~2016五年内城镇居民可支配收入均低于全国平均水平，难以吸引人才、留住人才。

---

　　①　董津津、陈聚关：《创新网络嵌入性、社区意识对企业创新绩效的影响》，载《科技进步与对策》，2019年第10期。

　　②　倪渊：《核心企业网络能力与集群协同创新：一个具有中介的双调节效应模型》，载《管理评论》，2019年第12期。

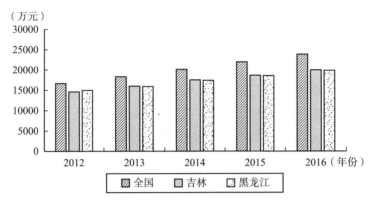

图4-4 吉林、黑龙江城镇居民可支配收入与全国平均水平

资料来源:《中国统计年鉴》(2013~2017)。

那么,是否是"国企主导"这一特征导致了东北地区人力资源流失的问题呢?熟练工人方面,自改革开放之后,东北地区的劳动参与率明显低于全国其他地区,在各地区排名中处于全国末位(赵秋成,2013[①])。造成东北地区劳动力参与率低的原因是多方面的,这其中某些因素可能与国企有关。东北的人才吸引能力也可能与国企有关。一方面,东北地区经济带有计划经济时代遗留较多,相较于民营企业,当前国企在福利平均水平较高的同时,又缺乏对研发创新人员的有效激励,可能导致掌握核心技术的研发人员跳槽至薪资待遇更高的其他企业,使得集群并未形成对人才的吸引。但是另一方面,国企较高的福利待遇,充足的研发资金也可能吸引人才。与上述分析保持一致,本章选取每十万人总高等教育人数与工业国企数量来反映国企通过人力资本渠道对制造业集群创新发展的影响。发现截至2010年与截至2017年,相关系数的空间分布的变化不大,并且绝大多数城市相关系数为正,说明国企主导可能促进人力资本积累。在空间分布上,相关系数大于0.3的城市只有沈阳、大连、长春和哈尔滨四个,说明这四个城市作为制造业集群中心城市对人力资本的聚集作用。与上述分析

---

① 赵秋成:《东北老工业基地劳动力转移配置特征》,载《经济管理》,2010年第1期。

的问题相同，人力资本渠道的作用也需要更为严密的实证进行检验。这里假设：

H$_6$：东北地区"国企主导"可能通过人力资本促进制造业集群转型。

第四节　东北地区国企主导型制造业集群负面效应分析

一、企业内部管理落后

在我国，国有企业具有特殊的政治地位和制度优势，在许多关乎国民经济命脉的领域发挥着重要作用。但也正是因为这种独特的地位，造成国有企业的种种弊端，从而给其周边企业以及存在的产业集群带来负面影响。国有企业的管理体制是造成国有企业弊端的关键因素，首先，国有企业用人制度存在严重缺陷。虽然国有企业经过了一系列市场化改革，但其仍然是人际关系腐败的重灾区，"稳定""关系"等依旧是员工选择进入国企的重要原因。国有企业内部缺乏有效的竞争机制，国有企业高层管理者往往由政界人士担任，会使得这些人对市场的判断能力明显弱于民营企业家，而对普通的国企员工而言，通过自身努力获得升迁的难度依旧很大，复杂的人际关系网在众多国有企业内部依然存在。其次，国有企业行政效率低下，管理理念落后。部分国有企业职能部门有着浓厚的官僚气息，无论大小的市场业务都需要进行层层审批，造成行政效率的低下，从而造成资源浪费、丧失市场良机。并且，由于国有企业产权性质原因，大部分企业高层都不愿承担风险，决策问题时往往需要每一个决策者签字确认，决策效率十分低下。再次，国有企业存在着不健康的企业文化。拼搏、创新、竞争等理念很少出现在国有企业中，"铁饭碗"依旧是大部分员工进入国有企业的理由，这种"混日子"的思想会使企业文化向着不健康的方向发展，并且这种"企业文化"会在国有企业进行体制机制改革的时候，发挥着很大的阻碍作用。最后，国有企业凭借其自身制度优势能够很容易地获得充足的市场资源，这会导致国有企业缺乏竞争意识和创新动力。

二、要素使用效率低下

理论模型中已经提及，"国企主导"这一特征并不一定是由市场形成的。东北大多数国企主导型特征的形成是由行政命令、体制机制和历史条件等非市场因素形成的。至今，这些非市场因素形成的主导特征仍然有着很大影响，使得主导国企在获取资金、土地和设备等生产要素方面具有更多的优先权。这些方面的非市场优先性则可能导致国企在资金使用、成本控制和市场经营上更为随意，最终导致投入国企的生产要素并未能发挥其应有的效率。表 4 - 5 分别展示 2017 年东北三省和苏、浙、沪地区国有及国有控股工业企业的核心财务指标，通过对比来说明东北地区国企的要素使用效率低下的问题。资产负债比、主营业务成本收入比分别从资本存量和营业流量两个方面反映了企业的成本状况，这两项的数值越高，说明企业的成本负担越重。对比发现，东北地区的制造业国有及国有控股企业运行成本负担无论从流量还是存量上都要显著重于苏、浙、沪地区。资产负债比东北地区高于苏、浙、沪地区 1/4，造成存量低效率的原因可能是东北国企的历史负担。但是东北地区主营业务成本收入比仍然高于苏、浙、沪地区 5 个百分点，这说明东北地区国企的成本管控能力相较于发达地区依然存在差距。资本利润率是衡量企业盈利情况的主要指标，东北地区国企以资本利润率表示的盈利能力只有苏浙沪地区国企的不足 1/3，甚至辽宁省地方国企当年的企业总利润为负 4.5 亿元，国企亏损状况严重。从总体情况上看，东北地区由于国企自身效率的缘故，部分低效率国企的主导可能会对制造业集群整体效率水平产生负向作用。

表4-5　　　　东北三省与苏、浙、沪地区国有及国有控股企业
部分财务指标（2008）　　　　　　　　　单位：%

地区	资产负债比	资本利润率	主营业务成本收入比
东北地区	69.77	7.05	84.25
苏、浙、沪地区	56.09	23.06	78.33

资料来源：各省份统计年鉴，国有资产监督管理年鉴。

三、抑制其他主体发展

已有研究表明，国企在信贷方面的优先权可能会降低企业自身的资金使用效率，并且挤占其他企业的信贷额度（Guo et al.，2018；Gan et al.，2017）。这一结论说明无效率的国企主导不仅会通过自身效率低下影响区域整体的生产效率，还会造成资源错配，挤占其他企业的生长空间。但是与一般认知不同，研究发现并非所有制造业国企都会挤占其他企业生存空间。2016 年通过对沈阳地区 7 家国有及国有控股企业实地调研和管理人员访谈，笔者发现并非所有国企都会挤占其他企业生存空间。本次调查共包含 3 家中央国企、3 家地方国企和 1 家国有控股混合所有制企业，行业涉及金属开采冶炼、粮油制品生产、汽车制造业和通用设备制造业。一方面，调查研究发现一些高投资、回报周期长以及风险较大的自然垄断行业，往往除了主导国企以外没有其他企业具备替代性和竞争性的产能，国企起到了保证生产、维持供应链稳定和维护市场秩序的作用。例如，一家粮油制品生产国企管理人员指出，企业在辽宁省各地拥有农产品仓储、冷藏、运输等专业厂房设施，而由于农产品存在年度价格波动，存储成本不确定，很少有其他类型企业愿意投资修建全省规模的农产品仓储物流网络。因此，该国企起到了维护区域内产业链稳定、保障产品生产的重要作用，并且弥补了其他企业的空缺，一些金属制品行业国企也存在着类似情况。另一方面，在其他一些国企的走访中，管理人员认为本行业存在着可以替代或者接续国企主导地位的民营企业和外资企业。但是出于各方原因，一些已经亏损的工厂仍然需要

维持生产，生产资金往往来自政府预算投资和协商地方城商行贷款。调查研究认为，这些政府投资和城商行贷款，可能会挤占属于本地区非公有制企业的发展资金，人为地造成了资源错配。与此同时，在对混合所有制企业管理人员的访谈中，发现确实在对供应商的选择上，实施混改之前供应商选择更倾向于国企，而在混改之后，开始陆续通过项目招标方式引入民营企业。这说明确实存在部分国企从市场机会上挤占区域内其他企业生存空间的现象。

四、负面效应之间的关系

本书研究的核心目的是分析国企主导这一特征对于东北地区制造业增长转型的影响，这种影响既有正向的、也有负向的。本节在本章其他小节内容主要强调国企主导可能起到的正面作用以及作用机制的基础上，对东北地区国企主导的负面作用进行了分析。三个层面的负面效应是相互关联的：企业内部的管理混乱，导致了国企要素利用的效率低下，效率低下的国企通过非市场的主导地位获取更多的资源，进而挤占了集群内其他企业的生存空间。进一步地，集群内其他主体的发育不足从另一方面强化了东北地区由非市场造成的国企主导地位，致使一些国企管理虽混乱但依然能维持集群内地位，削弱了国企增强竞争力的激励，由此循环往复形成恶性循环。本书希望具体地分析，国企主导究竟在哪些方面主要发挥促进制造业集群发展的正面作用，又在哪些方面阻碍着东北地区制造业集群的成长。因此，还需要更为严密系统地实证分析国企主导特征对东北制造业集群发展的影响。

第五章

东北地区国企主导型制造业集群增长与集聚效应研究

　　现阶段，中国经济发展已经由高速增长模式转变为高质量增长模式，各个地区都根据自身产业结构特点以及区域优势不断制定优化政策以实现经济高质量、可持续发展。对东北地区而言，制造业依旧是该地区经济增长的支撑产业，进一步地，"国企主导"作为东北地区产业发展的主要特点在制造业集群发展中的体现尤为明显。上面章节对东北地区国企主导型制造业集群的特征以及发展模式进行了理论分析，接下来的两章将对上面章节提出的理论机制进行实证检验，进一步分析东北地区国企主导型制造业集群的发展模式以及存在的问题。在本章中主要分析东北地区国企主导型制造业集群的增长效应，主要从制造业集群的集聚程度和产值规模两个维度进行实证检验，并进行一系列的稳健性检验以及内生性解决以保证实证结果的可置信性与合理性。

第一节　国企主导型制造业集群集聚
程度增长计量分析

一、模型设定与变量选取

（一）模型设定

根据上面章节的理论分析，阐释了国企主导程度对东北地区制造业集群发展存在着先促进、后抑制的倒"U"型关系，接下来将对这种倒"U"型关系进行实证检验。因此，设立基准回归方程如式（5.1）：

$$\ln qw_{it} = \beta_0 + \beta_1 \ln x_{it} + \beta_2 [\ln x_{it}]^2 + \sum \beta_i Control + \varepsilon_{it} + u_i + \omega_t$$

$$(5.1)$$

其中，i 表示城市，t 表示年份，$\ln qw$ 是被解释变量，表示东北地区制造业集群的集聚程度；x 表示衡量国企主导度的相关指标；β_0 是常数项；$\sum Control$ 表示一系列控制变量；ε_{it} 为随机扰动项；u_i 为个体效应；ω_t 时间效应。

选取沈阳、大连、长春、哈尔滨、齐齐哈尔和吉林市六个制造业较为发达的东北三省地级市 1998～2017 年的制造业集群作为研究对象。选取的被解释变量为制造业集群集聚程度，核心解释变量为国企主导度，控制变量为"三废"排放总量、产品进出口额占地区生产总值的比重、产业技术水平、城镇化水平。

（二）变量选取及说明

1. 被解释变量

区位商（qw）：区位商法是建立在同区际贸易、区域分工密切相关的区域比较优势理论基础上的，对一个区域的产业进行比较分析，用区位商（qw）系数来判断区域是否存在产业集聚现象，进而识别出这一地区的优势产业的方法。区位商计算公式为式（5.2）：

$$qw_{ij} = \frac{E_{ij} \Big/ \sum_{i=1}^{n} E_{ij}}{\sum_{j=1}^{n} E_{ij} \Big/ \sum_{i=1}^{n} \sum_{j=1}^{n} E_{ij}} \qquad (5.2)$$

qw_{ij} 表示 i 地区 j 产业的经济份额与整个经济中该产业所占份额的比值。E_{ij} 表示 i 省份 j 产业的产出，$\sum_{i=1}^{n} E_{ij}$ 表示 i 区域所有产业的总产出，$\sum_{j=1}^{n} E_{ij}$ 表示研究的所有区域 j 产业的产出，$\sum_{i=1}^{n} \sum_{j=1}^{n} E_{ij}$ 表示研究的所有区域所有产业的总产出，只讨论制造业产业。由此计算反映制造业产业聚集程度的区位商（qw）。

2. 解释变量

国企主导度（dom）：国有企业在产业集群发展的主导作用体现在多个方面，包括业务主导、投资主导、研发主导等，很难选取某个指标能够将其主导作用覆盖全面，并且现有文献对国企主导度的实证分析较少。上面章节的理论分析提及，在东北地区制造业集群发展进程中，国有企业的投资主导起到了决定性作用，尤其对东北地区制造业集群的集聚程度和产值规模而言，固定资产投资的数量与质量是最关键的影响因素。进一步地，考虑到数据的可得性以及选取指标的代表性，结合上文的理论分析，选取制造业固定资产投资中的国有比重来表示东北地区制造业集群的国企主导程度。

3. 控制变量

（1）"三废"排放总量（envir）：环境污染程度能够影响产业集群的发展，而以制造业代表的产业集群能缓解发展的资源压力（邵庆龙，2017[①]）。

---

① 邵庆龙：《中国经济增长与三个产业能源消耗的结构调整》，载《科研管理》，2017 年第 1 期。

因此用地区废水、废气以及固体废弃物排放总量来反映地区污染程度。

（2）产品进出口额占地区生产总值的比重（open）：地区市场开放水平对投资与制造业集群发展有着重要的影响（王文甫、张南，2015)[1]，国企主导型制造业集群一般规模较大，产品生产模式成熟，出口产品、进口原料已经成为大型企业的主要运作模式。采用产品出口额占地区生产总值的比重来反映地区市场开发度。

（3）产业技术水平（R&D）：产业集群的发展离不开技术支持，产业技术创新引发了产业集群转型升级，因此用规模以上国有工业企业研发（R&D）经费支出反映产业技术水平，同时，产业技术水平也反映出地区的经济发展的深度和可持续性。

（4）城镇化水平（urban）：一个地区城镇化程度可以显著影响地区产业集群的发展，本节选取的样本均为中国城镇化水平较高的地级市。因此选用城镇人口所在地区总人口比例进行地区城镇化水平衡量。

以上数据来自中国工业企业数据库，《中国环境年鉴》《中国工业统计年鉴》《中国国有资产监督管理年鉴》以及各地级市统计年鉴与统计公报，部分数据由笔者调研计算整理，为了保证研究的科学性和针对性，笔者参考张军（2004）和徐现祥（2007）的方法，将投资额、地区生产总值等数据用固定投资价格指数和 GDP 平减指数进行处理。为了消除异方差，以及使回归系数有更好的解释意义，所有数据在模型计算中取对数，各个变量原始数据的统计性描述如表 5 - 1 所示。

表 5 - 1　　　　　　　　　变量统计性描述

变量名称	平均值	中位数	最大值	最小值	标准差
qw	1.8572	1.7478	3.7584	0.7325	8.8954
dom om	0.2381	0.2194	0.3723	0.1132	3.2584
envir	81.3295	36.9295	131.7683	34.8792	477.7930

变量名称	平均值	中位数	最大值	最小值	标准差
open	0.4657	0.2054	0.7842	0.3673	18.8795
R&D	165.8791	93.7942	561.7684	78.8795	6758.7681
urban	0.4346	0.5214	0.7537	0.3974	34.7964

二、实证结果分析

为了保证数据的平稳性，对数据进行了单位根与协整检验，所有数据通过了协整检验。在模型选择上，霍斯曼检验显示选择采用固定效应模型。回归结果评价上，所有方程修正后的 R^2 均超过了0.8，且大多数变量为显著，表明方程能够较好地反映国企主导与产业集聚之间的关系。由于篇幅原因，将基本回归结果如表 5-2 所示。模型1是只包含核心解释变量的基准回归模型，模型2是将控制变量纳入回归的模型，模型3是运用 GLS 估计方法进行重新估计的模型。观察回归结果可以发现，各个回归方程的变量符号与理论分析一致，国企主导的一次项系数显著为正，二次项系数为负，但是显著性较弱，说明实证研究不存在明显的倒"U"型关系。从国企主导度对产业集聚影响程度来看，在资金投入初期，国企主导度每增加1%，会对产业集聚程度提升1.01%，但随着资金投入不断加大，国有企业投资主导的抑制程度并不明显。原因可能在于：随着投资的不断增加，产业园区的基础设施不断完善，国企投资的带动作用明显，不断有新的企业进入或者原有企业扩大生产规模。这种产业的集聚程度不会随着国企主导度的继续而降低，在现实情况中，国有企业的不断投资或者相应政策的出台可能会吸引一些追求短期利益的企业加入，即使集群的效益水平已经在下降。从东北地区国有企业特点来看，一方面，大多数的国有企业规模较大，并且拥有着许多的子公司和上下游相关企业，随着国企主导程度的不断提高，国有企业在集群中的辐射作用愈发明显，会吸引大量的相关产业以及利益相关企业不断集聚，从而提高产业集聚程度；另一方面，东北地区一直存在着

"强政府、弱市场"现象，政府对于市场的干预很大程度上通过国有企业来完成，而大部分的政府投资项目也由国有企业来实施，这就使国有企业在地方市场上有着很强的主导作用和决定作用，因此就会有许多企业向着国有企业集聚，使产业集群的集聚程度不断增大。

表 5-2　　　　　　　　　　　　基本回归结果

估计方法	模型 1	模型 2	模型 3
	FE	FE	GLS
lndom	0.1013 * (0.0502)	0.2361 ** (0.0101)	0.1139 ** (0.0115)
(lndom)²	-0.3139 (0.1341)	-0.6324 (0.1852)	-0.9224 (0.1422)
lnenvir		-0.4015 (0.2540)	-0.3279 (0.2279)
lnopen		1.1313 *** (0.0000)	1.2139 *** (0.0000)
lnR&D		0.6612 *** (0.0000)	0.6170 *** (0.0001)
lnurban		0.0104 ** (0.0216)	0.1374 *** (0.0001)
常数项	-2.1414 *** (0.0001)	-1.0276 *** (0.0001)	-1.0315 *** (0.0001)
检验 F	312.4626 (0.0000)	324.7682 (0.0000)	332.8211 (0.0000)
修正后 R²	0.8461	0.8443	0.8332

　　注：括号中为变量系数 t 统计量的伴随概率，*、**、*** 分别对应着 10%、5%、1% 的显著性水平。下面章节如不特殊指出，模型注释与本注释相同或相似，不再另行说明。

　　控制变量的负号符合预期，环境污染系数为负，但是不显著，表明环境污染程度对集群聚集度的影响作用不明确；市场开放度系数显著为正，表明该地区市场越开放，产业聚集度就越高；同样，产业技术水平的系数显著为正，表明地区产业技术水平越高，对产业集聚的促进就越明显。城镇化水平的系数显著为正，说明城镇化水平的提高给集群聚集带来资金、劳动力等要素的支持。

三、稳健性检验

上述模型回归结果基本验证了前面章节的理论分析，国企主导度的提升在产业集聚的初期起到明显的促进作用，但是随着国企主导程度的不断提升，其抑制作用在制造业集群的集聚程度上体现并不明显。然而仅仅依靠上述模型就得出这样的结论存在着较大的不确定性，难以让人信服。基于此，为了保证结果的稳健性，采取分位数回归和移动平均处理进行稳健性检验。稳健性结果证明了结论的稳健性。

（一）分位数回归

分位数回归具有消除极端值影响的功能，因此成为稳健性检验的常用方法。通过对原模型进行上四分位数、中位数、下四分位数回归进行稳健性检验。通过分位数回归与原模型进行比较，发现分位数回归中大多数变量的符号、显著性水平与原模型一致，说明模型受极端值影响不大，具有较好的稳健性，如表5-3所示。

表5-3　　　　　　　　　　稳健性检验结果

估计方法	QR-25	QR-50	QR-75	模型4
lndom	0.3253 ** (0.0314)	0.8227 ** (0.0390)	0.5219 *** (0.0000)	0.2142 ** (0.0101)
(lndom)^2	-0.4623 * (0.0865)	-0.8354 (0.1810)	-0.6218 (0.1841)	-0.3231 (0.1412)
lnenvir	-0.5325 (0.4675)	-0.4121 (0.5111)	-0.0214 (0.3564)	-0.1241 (0.1540)

估计方法	QR - 25	QR - 50	QR - 75	模型 4
lnopen	0. 5235 *** (0. 0000)	1. 214 ** (0. 0115)	0. 6326 *** (0. 0001)	1. 1231 *** (0. 0000)
lnR&D	0. 7235 * (0. 0880)	0. 2163 ** (0. 0450)	0. 2124 *** (0. 0000)	0. 6931 *** (0. 0000)
lnurban	0. 0321 ** (0. 0220)	0. 0217 ** (0. 0310)	0. 1121 *** (0. 0000)	0. 0324 ** (0. 0116)
常数项	- 1. 2112 *** (0. 0000)	- 0. 0118 *** (0. 0000)	- 0. 2197 *** (0. 0000)	- 0. 3126 *** (0. 0001)

(二) 移动平均处理

选取的样本空间为 1998～2017 年地级市层面数据，由于年度数据可能存在波动性较大的问题，因此采取将数据 3 次移动平均处理的方法，对模型进行重新估计，以保证文章结论的稳健性。模型 4 是将数据进行移动平均处理后的估计结果，结果同样显示国企主导度的提升在产业集聚的初期起到明显的促进作用，但是随着国企主导程度的不断提升，其抑制作用在制造业集群的集聚程度上体现并不明显，并且控制变量的符号也符合预期，在此不作赘述。

四、解决内生性

解决内生性问题已经成为经济学研究不可缺少的部分，因为内生性问题的存在会导致回归的结果不准确。因此，为了使回归结果更加合理、准确，在进行了一系列稳健性检验以后，还需要进一步解决研究的内生性。在研究国企主导度对产业集聚程度的影响作用时，内生性风险主要来自两个方面，一方面是遗漏变量偏差，引起制造业集群集聚的因素有很多，在控制了一系列重要的变量以后仍然可能存在遗漏变量问题，如果遗漏的变量与被解释变量相关且被纳入了误差项中，就会出现内生性问题；另一方面，国企主导度与产业集聚可能存在着双向因果关系，如上所述，大多数的国有企业规模较大，并且拥有着许多的子公司和上下游相关企业，随着国企主导程度的不断提高，国有企业在集群中的辐射作用愈发明显，会吸引大量的相关产业以及利益相关企业不断集聚，从而提高产业集聚程度，进一步地，产业集聚的程度提高也可能会进一步提高国企主导程度，尤其是对东北地区而言，集聚程度提高会让大型国有企业的市场决定作用愈发明显，从而提高国企自身主导程度。基于此，接下来将从这两个方面来解决内生性问题。

（一）解决遗漏变量偏误

第一，我们考虑地方经济实力的影响作用。地区经济水平能够对产业集聚水平带来一定的促进作用，对东北地区而言，一个地区经济发展水平越高往往意味着制造业的发展水平较高，从而引起制造业企业的集聚效应。因此假设地区经济实力能够提高制造业集群的集聚程度，并用人均地区生产总值（pgdp）来衡量。

第二，地区产业结构高级化水平也能够对产业集聚程度产生重要影响。一方面，产业集聚发展本身就是一种产业结构不断优化的过程；另一方面，产业结构高级化水平的提高加快了地方经济发展，提高了地区产品竞争力，促使企业之间的生产联系更加紧密，社会分工更加合理、细致，从而促进产业集聚程度的提高。因此假设产业结构高级化水平能够提高东北地区制造业集群的集聚程度，并用地区第三产业增加值与第二产业增加值的比重（adv）来衡量。

第三，地方金融发展水平的高低对于制造业集群的集聚程度起到显著作用。在制造业企业发展初期，尤其是对于装备制造业等需要大量资金投入的行业，金融支持的作用显得愈加重要。发达的金融系统能够为产业集聚发展提供有力支撑，因此假设金融发展水平能够提高东北地区制造业集群的集聚程度，并用金融机构存贷款余额与地区生产总值的比重（fin）衡量。

检验结果如表5-4所示，分别加入地方经济实力、产业结构高级化水平、金融发展水平等可能遗漏变量影响，回归结果显示该三种变量均不显著，并且核心解释变量系数基本没有变化，再次证明了结论。

表5-4 解决遗漏变量偏误

变量	模型5	模型6	模型7	模型8
lndom	0.4721 ** (0.0137)	0.3391 ** (0.0311)	0.6832 *** (0.0001)	0.6272 ** (0.0382)
(lndom)^2	-0.4382 (0.2841)	-0.4482 (0.1001)	-0.5293 (0.3311)	-0.6320 (0.2012)
lnpgdp	1.2733 (0.3819)			0.9213 (0.3321)
lnadv		0.3724 (0.3821)		0.4618 (0.1144)
lnfin			1.1194 (0.3813)	1.0303 (0.2441)
常数项	-2.1841 *** (0.0000)	-1.3274 *** (0.0000)	-2.3193 *** (0.0000)	-1.3289 *** (0.0001)
控制变量	是	是	是	是
R^2	0.8823	0.8281	0.8130	0.8328

（二）IV 估计

为了解决可能存在的双向因果关系，采用工具变量法来进行估计，将核心解释变量的一阶滞后值作为工具变量（instrumental variable，IV），并采用两阶段最小二乘法进行回归。第一阶段中以解释变量一阶滞后项参与回归得到当期的估计值；第二阶段，用当期变量的估计值代替一阶滞后项进行回归。工具变量的选取要保证工具变量与解释变量密切相关，同时满足与遗漏变量不相关。具体回归结果如表5-5所示，工具变量的第一阶段 F 统计量远大于经验值 10，因此满足相关性，进一步的，霍斯曼检验的结果不显著，表明我们选择的工具变量是比较有效的，因此满足外生性。并且核心解释变量回归结果与上面章节保持一致，再次验证结论。

表 5 - 5　　　　　　　　　　　工具变量回归

变量	模型 9	模型 10
	lndom	lnqw
lndom		0.6567 ** (0.0213)
ln（dom）^{2}		- 1.6533 (0.3317)
IV	1.1214 *** (0.0001)	
控制变量	是	是
F 统计量	78.3131	65.3213
Hausman 检验（p 值）		0.3002

第二节　国企主导型制造业集群产值规模增长计量分析

一、模型设定与变量选取

（一）模型设定

根据上文理论分析，阐释了国企主导程度对东北地区制造业集群发展存在着先促进、后抑制的倒"U"型关系，接下来将对国企主导对产值规模的影响作用是否存在着倒"U"型关系进行实证检验。因此，设立基准回归方程如式（5.3）所示：

$$\ln y_{it} = \beta_0 + \beta_1 \ln x_{it} + \beta_2 [\ln x_{it}]^2 + \sum \beta_i \text{Control} + \varepsilon_{it} + u_i + \omega_t$$

$$(5.3)$$

其中，i 表示城市，t 表示年份，lny 是被解释变量，表示东北地区制造业集群的产值规模；x 表示衡量国企主导度的相关指标；β_0 是常数项；$\sum$ Control 表示一系列控制变量；ε_{it} 为随机扰动项；u_i 为个体效应；ω_t 为时间效应。

同样地，选取沈阳、大连、长春、哈尔滨、齐齐哈尔和吉林市六个制造业较为发达的东北三省地级市 1998～2017 年的制造业集群作为研究对象。选取的被解释变量为制造业集群产值规模，核心解释变量为国企主导度，控制变量为环境规制、产品进出口额占地区生产总值的比重、教育水平、城镇化水平。

（二）变量选取及说明

1. 被解释变量

工业产值（y）：国企主导型制造业集群往往集中了许多规模以上国有工业企业，考虑到大型制造业企业性质难以区分，数据获取困难，按照大多数学者的做法，采用规模以上国有工业企业增加值来反映制造业集群的发展水平。

2. 解释变量

国企主导度（dom）：为了保证实证结果的代表性，保证与上面章节结果的可比较性，本节同样选取制造业固定资产投资中的国有比重来表示东北地区制造业集群的国企主导程度。

3. 控制变量

（1）环境规制（gz）。随着我国经济发展模式不断转型，绿色发展、可持续发展已经成为地区经济发展的主要目标，因此，各地政府对于环境规制力度不断加大，这势必会影响到产业集群，尤其是制造业集群的发展模式。考虑到单纯的环境治理投资很难反映某一地区的环境规制强度，因此，笔者参考相关文献并采用本地区环境治理支出占本地区生产总值的比重来表示环境规制的强度。

（2）产品进出口额占地区生产总值的比重（open）：地区市场开放程度同样能够影响到制造业集群的产值规模，一方面，市场开放程度越高，制造业集群的产品越能够迅速、高效地投入国际市场；另一方面，较高的市场开放程度还能使企业能够通过进口高科技、高质量产品来提升自身生产技术和产品质量。因此，采用产品出口额占地区生产总值的比重来反映地区市场开发度。

（3）教育水平（edu）：产业集群的迅速发展离不开人才的支撑，无论是集群产值规模增加，还是生产技术进步，都离不开地区人力资本水平的提高。一个地区的教育水平越高，往往意味着人力资本积累越迅速，对于集群发展的支撑、促进作用也越显著。因此，选取地区在校大学生数占人口比重来表示地区教育水平。

（4）城镇化水平（urban）：一个地区城镇化程度同样可以显著影响地区产业集群的产值规模，随着城镇化水平的提高，大量的农村剩余劳动力进入城镇，为制造业产业的发展奠定了劳动力基础，并且城镇化进程能够给制造业集群的发展提供土地、资金等方面的保障，因此，选用城镇人口所在地区总人口比例进行地区城镇化水平衡量。

以上数据来自中国工业企业数据库，《中国环境年鉴》《中国工业统计年鉴》《中国国有资产监督管理年鉴》以及各地级市统计年与统计公报，部分数据由笔者调研计算整理，为了保证研究的科学性和针对性，笔者参考张军（2004）和徐现祥（2007）的方法，将投资额、地区生产总值等数据用固定投资价格指数和 GDP 平减指数进行处理。为了消除异方差，以及使回归系数有更好的解释意义，所有数据在模型计算中取对数，各个变量原始数据的统计性描述如表 5-6 所示。

表 5-6　　　　　　　　　　变量统计性描述

变量名称	平均值	中位数	最大值	最小值	标准差
y	5975.54	6183.66	8567.78	2730.44	536.0941
dom	0.2381	0.2194	0.3723	0.1132	3.2584
gz	2.1516	1.8653	4.9651	0.6121	32.8793
open	0.4657	0.2054	0.7842	0.3673	18.8795
edu	0.0260	0.0357	0.0438	0.0065	2.1141
urban	0.4346	0.5214	0.7537	0.3974	34.7964

二、实证结果分析

　　为了保证数据的平稳性,对数据进行了单位根与协整检验,所有数据通过了协整检验。在模型选择上,霍斯曼检验显示选择采用固定效应模型。回归结果评价上,所有方程修正后的 R^2 均超过了 0.7,且大多数变量为显著,表明方程能够较好地反映国企主导与产值规模之间的关系。基本回归结果如表 5-7 所示。模型 1 是只包含核心解释变量的基准回归模型,模型 2 是将控制变量纳入回归的模型,模型 3 是运用 GLS 估计方法进行重新估计的模型。观察回归结果可以发现,各个回归方程的变量符号与理论分析一致,国企主导的一次项系数显著为正,二次项系数显著为负,说明国企主导度对于东北地区制造业集群的影响作用存在明显的倒 "U" 型关系。一方面,在产业集群发展初期,国有企业不断进行固定资产投资,扩大企业规模与业务范围,并借助制度优势,拉动地方经济增长并提供就业岗位,对产业自身而言,产品诞生初期获得足够资金可以大大提高产品生产质量和效率,延长产品生命周期,给企业带来更大的利润空间,为提升集群效益带来明显的促进作用。另一方面,当国企主导度超过最优水平以后仍持续提高,也就意味着国企投资在全社会固定资产投资的比重过高,这会更加明显地挤出民间投资,使民营资本难以获取市场,导致投资预期持续下降,最终造成市场活力丧失等问题。如前面小节所述,当国有企业主导地位增强时,其自身弊端才能够明显显露出来，当大量的资源流入国有企业时，严重挤压了其他民营企业的生存空间。对大型国有企业而言，企业不断获得融资并持续投资，生产规模出现不合理膨胀，产品技术的更新速度变慢，本该退出市场的企业通过资金补贴持续经营，不断进行融资，最终造成恶性循环，出现资源浪费、腐败滋生等问题。

表 5 - 7　　　　　　　　　　　基本回归结果

估计方法	模型 1	模型 2	模型 3
	FE	FE	GLS
lndom	0.6732 ** (0.0382)	0.6621 ** (0.0192)	0.7012 *** (0.0005)
$(lndom)^2$	- 0.7713 ** (0.0271)	- 0.4270 ** (0.0391)	- 0.8323 * (0.0613)
lngz		- 0.1932 * (0.0632)	- 0.1552 * (0.0729)
lnopen		0.3144 ** (0.0173)	0.4811 *** (0.0000)
lnedu		0.0132 *** (0.0000)	0.0173 *** (0.0001)
lnurban		0.2193 * (0.0683)	0.3917 *** (0.0001)
常数项	3.1414 *** (0.0001)	3.2371 *** (0.0001)	2.4793 *** (0.0001)
检验 F	283.2133 (0.0000)	212.3188 (0.0000)	321.4804 (0.0000)
修正后 R^2	0.7832	0.7721	0.8083

注：括号中为变量系数 t 统计量的伴随概率，*、**、*** 分别对应着 10%、5%、1% 的显著性水平。下文如不特殊指出，模型注释与本注释相同或相似，不再另行说明。

控制变量的符号与预期一致，环境规制对产业集群的效益有显著的负效应，说明政府对于环境监管力度的提升对制造业集群的发展产生了明显的抑制作用，这要求制造业企业应当提高生产技术，加快产业升级，真正做到绿色生产与可持续生产；市场开放程度也有显著的促进作用，市场开放度越高，企业产品销路以及原料来源越广泛，产业集群产值便自然提升；城镇化水平和教育水平的系数显著为正，侧面反映市场需求量以及地区人力资本水平对于产业集群产值规模的促进作用。

通过比较国企主导度（尤其是国企投资主导）对于东北地区制造业集群的集聚程度与产值规模的影响作用，接下来对国企主导程度对于东北地区制造业集群增长的影响模式进行了简要总结。国企主导对集群发展的影响可以分为两个方面：一方面，国有企业本身承担着地方政府的一些"经济任务"，包括解决当地就业和实现经济增长等，并带着这些经济目的对产业集群进行投资，加快集群增长的进程，这就是国企主导对集群增长的促进效应。另一方面，国企主导与产业集聚的目的是促进产业的发展，但是在实际运行中，国企主导在客观上产生了一些不利于集群发展的负面因素，阻碍了产业集群的转型升级。以下将对这两方面影响做具体分析。

（一）促进效应

首先，为产业集群直接或间接提供资金。

（1）直接投资，国有企业本身拥有雄厚的资金实力，其本身在拓宽业务范围、扩大企业规模的时候就会进行大量的资产投资，并且能够通过投资引导、市场化运作方式，引导和带动民间资本、境外投资机构（基金）参与产业集群投资，鼓励创业投资企业加大对产业集群的投资力度。

（2）国有企业主导能够提高制造业集群融资能力，加大与商业银行的合作力度，为产业集群发展进行融资，从而间接为产业集群发展提供资金。

其次，提供产业集聚所需基础设施和其他公共品。大型国有企业的园区建设往往能够得到政府投资的大力支持，可以为制造业集群的发展建立一个完善的服务网络，建设良好的道路交通、通信、供水及电力等基础设施和公共设施。良好的产业集群发展环境包括一个现代化的基础设施，便捷的交通和通信，配套的生产和服务设施等。具体而言，国有企业可以联合政府部门通过对产业园区内的专业市场、"七通一平"、会展中心、物流基地等基础设施建设进行投资，提高各产业园区对产业发展的承载能力。

最后，国企主导可以为产业集聚获得必要的空间。国有企业从政府获得土地以后进行开发，会青睐那些具有良好规模效益和高集约程度的产业园区。实际情况中，政府为了促进产业集聚，通常为产业园区规划更多的备用地，以更低的地价甚至免费用地权限来吸引更多的企业入驻，从而加速产业集聚。

（二）抑制效应

（1）产业规模上，国企投资主导造成产业规模的不合理膨胀。有的国有企业盲目追求高发展速度，过度增加固定资产投资、扩大建设规模，从而导致投资过度膨胀。由于资源因素的制约，有些地方政府会通过国有企业对一些自身力所不能及的项目进行集资或投资，导致"政绩工程""形象工程"的出现，主要体现在以下几点：

①基础建设超标，建设项目远高于社会和产业集群内实际需求；

②大量"三边工程"（边设计，边施工，边报批）的涌现；

③城市和产业园区规划不科学，脱离实际；

④投资工程不合实际，建成后效益低下，造成严重的资源浪费。

（2）产业结构上，国有企业投资主导的产业未必正确，造成了产业结构的畸形。

①在决定投资重点和方向时，国有企业很少考虑到专业分工和发挥本地产业的比较优势，往往较少考虑本地实际情况和国家产业政策，致力于使本地产业门类齐全，导致了投资产业出现小型化、轻型化，各区域之间未形成专业分工，各地区产业并未做到因地制宜，未发挥出本地比较优势，降低了产业机构的技术水平，影响了产业集群的形成与发展

与各地竞争力的提高。

②周期短，投资少，见效快的项目往往更受投资的青睐，资金过度流入此类产业，就导致一些周期相对较长、投资量相对较大的基础产业未受到足够重视，不利于各地优势特色经济的发展。

（3）地区协调上，同质化的产业集聚造成了地方间的恶性竞争。在很多地区，国企主导投资大多以短期利益为目的，造成了大量的盲目投资和重复建设，这导致在产业集群的建设中资源并未有效配置，造成资源浪费。同时，地方间政府缺乏有效沟通，不同地方建设的产业园区缺乏特色，造成了地区间的竞争和挤占。

而对于国企主导型产业集群而言，国有企业还能够通过获得政府投资对产业集群的增长带来促进效应以及抑制效应，政府扶持资金大部分会直接或间接地流入国有企业，大型国有企业在获得银行贷款、政策补贴时往往有着绝对优势。在集群发展的初期，大型国有企业通过政策扶持获得大量政府投资，加快产业链条建设，扩大集群生产规模，带动周边中小企业迅速发展，对集群的诞生和发展起到明显的促进作用；但随着集群规模不断扩大，生产模式趋于成熟，过多的政府投资流入国有企业会带来不可忽视的抑制作用，政府过度投资带来的"挤出效应"明显，民间投资不断萎缩，而部分国有企业"大而不强"、资源浪费、效益低下的弊端也逐渐暴露出来。

三、稳健性检验

上述模型回归结果基本验证了上面章节的理论分析，国企主导度的提升在产业产值规模的初期起到明显的促进作用，并且随着国企主导程度的不断提升，其抑制作用在制造业集群的集聚程度上体现愈发明显。然而仅依靠上述模型就得出这样的结论存在着较大的不确定性，难以让人信服。基于此，为了保证结果的稳健性，本节同样采用分位数回归、移动平均处理和更换被解释变量进行稳健性检验。稳健性结果证明了结论的稳健性。

（一）分位数回归

用分位数回归具有消除极端值影响，通过对原模型进行上四分位数、中位数、下四分位数回归进行稳健性检验。通过分位数回归于原模型进行比较，发现分位数回归中大多数变量的符号、显著性水平与原模型一致，说明模型受极端值影响不大，具有较好的稳健性。其稳健性检验结果如表5－8所示。

表5－8　　　　　　　　　　稳健性检验结果

变量	QR－25	QR－50	QR－75	模型4	模型5
lndom	0.7321 ** (0.0224)	0.6272 ** (0.0118)	0.7782 *** (0.0000)	0.6831 ** (0.0101)	0.7212 ** (0.0211)
$(lndom)^2$	−0.4819 ** (0.0382)	−0.3821 ** (0.0271)	−0.4481 * (0.0626)	−0.2719 ** (0.0381)	−0.3811 ** (0.0382)
lngz	−0.2913 ** (0.0175)	−0.1621 * (0.0522)	−0.1173 * (0.0737)	−0.2182 ** (0.0272)	−0.3201 * (0.0740)
lnopen	0.3391 *** (0.0000)	0.2818 ** (0.0105)	0.3372 *** (0.0001)	0.2193 *** (0.0000)	0.3713 *** (0.0000)
lnedu	0.1931 * (0.0672)	0.2298 ** (0.0210)	0.1144 *** (0.0000)	0.2131 *** (0.0000)	0.4831 *** (0.0000)
lnurban	0.1281 ** (0.0211)	0.1193 ** (0.0281)	0.2281 *** (0.0000)	0.1211 ** (0.0216)	0.3121 ** (0.0221)
常数项	2.1278 *** (0.0000)	1.1830 *** (0.0000)	1.3113 *** (0.0000)	2.1233 *** (0.0001)	2.1219 *** (0.0001)

（二）移动平均处理

选取的样本空间同样是为1998～2017年地级市层面数据，因此也需要将数据进行3次移动平均处理，对模型进行重新估计，以保证本章结论的稳健性。模型4是将数据进行移动平均处理后的估计结果，结果同样显示国企主导度的提升在产业产值规模的初期起到明显的促进作用，并且随着国企主导程度的不断提升，其抑制作用在制造业集群的集聚程度上体现愈发明显，并且控制变量的符号也符合预期，在此不作赘述。

（三）更换被解释变量

本节用制造业增加值作为被解释变量，为了保证结果的稳健性，使用制造业企业利税总额作为被解释变量进行稳健性检验。模型5是更换被解释变量后的估计结果，结果依然稳健。

四、解决内生性

为了使回归结果更加合理、准确，在进行了一系列稳健性检验以后，同样需要进一步解决研究的内生性。在研究国企主导度对产业集聚程度的影响作用时，内生性风险同样来自两个方面：遗漏变量偏差和双向因果关系。基于此，接下来将从这两个方面来解决内生性问题。

（一）解决遗漏变量偏误

第一，同样考虑地方经济实力的影响作用。地区经济实力很大程度上能够决定集群发展的产业规模，一个地区的经济实力越高，集群发展过程中受到的资金支持、技术支持就越有力。因此假设地区经济实力能够提高制造业集群的产值规模，并用人均地区生产总值（pgdp）来衡量。

第二，地区产业结构高级化水平也能够对制造业集群产值规模产生重要影响，一个地区产业结构水平越高，表示着制造业集群的产值规模已经达到一定水平，并且逐步开始转型升级。因此，假设产业结构高级化水平能够提高东北地区制造业集群的产值规模，并用地区第三产业增加值与第二产业增加值的比重（adv）来衡量。

第三，劳动力水平的高低对于制造业集群的产值规模能够起到显著作用。相当部分的制造业依旧需要大量的劳动力，属于劳动密集型产业，一个地区的劳动力水平较高可以给制造业集群发展提供有力的人力支撑。因此，假设地区劳动力水平能够提高东北地区制造业集群的产值规模，并用适龄人口数量与地区常住人口比重（labor）来衡量。

检验结果如表5-9所示，分别加入地方经济实力、产业结构高级化水平、金融发展水平等可能遗漏变量影响，回归结果显示该三种变量均不显著，并且核心解释变量系数基本没有变化，再次证明了结论。

表 5-9　　　　　　　　　　　解决遗漏变量偏误

变量	模型5	模型6	模型7	模型8
lndom	0.3893 ** (0.0221)	0.4832 ** (0.0341)	0.5822 *** (0.0001)	0.4189 ** (0.0212)
(lndom)²	-0.2644 * (0.0627)	-0.4482 ** (0.0323)	-0.5293 ** (0.0221)	-0.6110 * (0.0712)
lnpgdp	0.3212 (0.1133)			0.1021 (0.1993)
lnadv		0.1983 (0.2911)		0.2749 (0.2921)
lnlab			0.3123 (0.1931)	0.3662 (0.2517)
常数项	2.1141 *** (0.0000)	1.4953 *** (0.0000)	3.2892 *** (0.0000)	2.9242 *** (0.0001)
控制变量	是	是	是	是
R²	0.7392	0.7931	0.7932	0.7714

（二）IV 估计

为了解决可能存在的双向因果关系，本节同样采用工具变量法来进行估计，将核心解释变量的一阶滞后值作为工具变量（instrumental variable，IV），并采用两阶段最小二乘法进行回归。第一阶段中以解释变量一阶滞后项参与回归得到当期的估计值；第二阶段，用当期变量的估计值代替一阶滞后项进行回归。工具变量的选取要保证工具变量与解释变量密切相关，同时满足与遗漏变量不相关。具体回归结果如表 5 – 10 所示，工具变量的第一阶段 F 统计量远大于经验值 10，因此满足相关性，进一步地，霍斯曼检验的结果不显著，表明我们选择的工具变量是比较有效的，因此满足外生性。并且核心解释变量回归结果与上文保持一致，再次验证结论。

表 5 – 10 工具变量回归

变量	模型 9	模型 10
	lndom	lny
lndom		0. 2183 ** （0. 0213）
ln（dom）^{2}		− 0. 4822 ** （0. 0221）
IV	0. 9683 *** （0. 0001）	
控制变量	是	是
F 统计量	80. 3218	89. 4222
Hausman 检验（p 值）		0. 3011

第三节 本章小结

本章旨在通过搜集数据对东北地区国企主导型制造业集群的增长效应进行实证研究，检验前面章节的理论分析是否成立，并找出具体问题进行分析。首先，本章将东北地区制造业集群的增长效应分为产业集聚程度与产值规模增加，分别从这两个方面分析国企主导对集群增长的影响；其次，本章主要将研究重点放在国有企业的投资主导，研究国企投资主导对东北地区制造业集群增长效应的具体作用方式；最后，通过一系列的稳健性检验与内生性问题的解决，保证实证结论的稳健性与合理性。本章通过实证分析主要得到以下结论：

第一，东北地区制造业集群中的国有企业主导特征确实能够促进产业集群的集聚程度，国有企业投资主导程度的增加能够显著促进东北地区制造业集群的集聚效应。

第二，实证中并没有发现国有企业投资主导程度的不断增加并达到一定程度以后会对产业集聚程度起到抑制作用。

第三，国有企业主导在影响东北地区制造业产业集群产值规模增长的过程中呈现出倒"U"型的特征。初期，国有企业主导能够通过为产业集群提供资金、提供产业集聚所需基础设施和其他公共品等途径促进制造业集群产值增加，但随着国有企业在制造业集群中的主导程度不断增加，其抑制作用就会逐渐显露出来，主要包括国企投资主导造成产业规模的不合理膨胀、国有企业投资主导造成了产业结构的畸形等问题。

第六章

东北地区国企主导型制造业集群绿色与创新转型效应实证研究

制造业集群的发展包括增长与转型两个方面，随着中国经济结构的不断调整，制造业集群的转型升级也显得愈发重要。21世纪以来，东北地区经济由盛转衰并持续低迷，东北地区经济转型已经刻不容缓。上一章中，主要分析了东北地区制造业集群在国企主导作用下的增长效应，在本章中，将继续研究国企主导对东北地区制造业集群的转型效应。接下来，本章将东北地区制造业集群的转型效应分为绿色发展和效率提升两个方面：一方面，在分析国企主导型制造业集群对于环境污染影响的基础上选择合适的变量进行实证分析；另一方面，在研究国企主导型制造业集群的效率提升时，重点观察国有企业在制造业集群中的研发主导作用，并识别出研发主导影响东北地区制造业集群效率提升的传导机制，建立合适的计量模型进行实证分析。

第一节　国企主导型制造业集群绿色发展计量分析

一、模型设定与变量选取

（一）理论分析

《中华人民共和国国民经济和社会发展第十四个五年规划纲要》明确提出："坚持绿水青山就是金山银山理念，坚持尊重自然、顺应自然、保护自然，坚持节约优先、保护优先、自然恢复为主，实施可持续发展战略，完善生态文明领域统筹协调机制，构建生态文明体系，推动经济社会发展全面绿色转型，建设美丽中国。"要实现经济增长与环境保护的协调共进，就必须发展低污染、低能耗、高附加值、高产出的产业部门。国企主导型制造业集群通常具有知识技术密集、产品附加值高、污染能耗低、经济外部性明显等特征，成为我国当前产业发展的主要方向之一，并且在实践中，制造业在中国呈现出明显的集群化发展特征（张少杰等，2006[1]）。

国企主导型制造业集群的节能减排作用是显而易见的。根据国务院常务会议 2016 年认定的《国家重点支持的高新技术领域》，制造业主要包含电子信息、生物医药、新能源开发利用、环境保护等八大领域，这些领域的共有特征即为低污染、低资源消耗。而国有企业在集群中起到的主导作用能够很大程度上提高产业的集聚程度，特别的，环保产业的聚集还会对污染治理起到更为直接的作用。因此，制造业的聚集会减少园区所在地的污染排放与资源浪费，带来生态环境的改善。

---

[1]　张少杰、徐颖、杨雪：《高新技术产业集群内在功能效应研究》，载《吉林大学社会科学学报》，2006 年第 5 期。

国企主导型制造业集群对于环境污染的间接作用主要包括以下两种渠道：（1）政策作用渠道，制造业集群中的国企主导程度越高往往意味着更为高效便捷的基础设施与更为优美的工作环境。当地政府为了配合制造业园区的建设，往往会在当地采取更为严格的环境规制政策，如扩大园区绿化面积，禁止污染企业入驻等，从而对当地的环境状况产生间接的影响。（2）消费作用渠道，制造业的从业人员一般科学文化水平较高，通常会追求更高的生活品质，如购买更为绿色的产品，追求更优良的办公生活环境等，这些都会通过消费对生产的反作用，加速当地绿色产业的发展。

环境污染对国企主导型制造业集群的影响主要体现在三个方面：第一，社会责任方面：国有企业较民营企业或者外资企业往往承担更多的社会责任和国家任务，国有企业的发展与国家宏观环境息息相关，地区环境污染严重时，负外部性较高的国有企业通常走在改革的前列；第二，市场收益方面：无论是国有企业还是其他性质企业，从传统生产方式到绿色生产方式的转变必然经历生产技术和产业结构的转型升级，尤其是近几年政府环保检查力度不断加大，企业在转型升级初期一般会出现产品成本上升，利润空间压缩等收益减少问题；第三，企业可持续发展方面：企业采取粗犷式生产模式会造成环境污染和资源浪费，这些环境问题又会反过来制约企业的持续发展，造成恶性循环。企业要实现可持续发展模式必须重视与生态环境之间的关系，尤其是对资源导向型企业而言。

总体而言，国企主导型制造业集群实现绿色发展已经是必然趋势，一方面，国企主导型制造业集群在地区节能减排进程中有着明显的制度优势和市场优势；另一方面，处于主导地位的大型国有企业应当充分发挥带头作用，承担相应的社会责任，加快绿色生产转型速度，实现经济效益与生态环境的"双赢"局面。那么，国企主导在东北地区制造业集群绿色发展中起到的作用具体如何，仍需要进一步进行实证检验。

（二）模型设定

根据上面章节理论分析，为检验国企主导程度在东北地区制造业集群绿色发展中是否起到促进作用以及具体作用如何，设立基准回归方程如式（6.1）所示，同样地，在基准回归中加入了国企主导度的二次项，以进一步验证国企主导程度高低对于东北地区制造业集群绿色发展的影响：

$$\ln gre_{it} = \beta_0 + \beta_1 \ln x_{it} + \beta_2 [\ln x_{it}]^2 + \sum \beta_i Control + \varepsilon_{it} + u_i + \omega_t$$

$$(6.1)$$

其中，i 表示城市，t 表示年份，lngre 是被解释变量，表示东北地区制造业集群的绿色发展指数；x 表示衡量国企主导度的相关指标；β_0 是常数项；$\sum Control$ 表示一系列控制变量；ε_{it} 为随机扰动项；u_i 为个体效应；ω_t 时间效应。

同样地，选取沈阳、大连、长春、哈尔滨、齐齐哈尔和吉林市六个制造业较为发达的东北三省地级市 1998～2017 年的制造业集群作为研究对象。选取的被解释变量为制造业集群产值规模，核心解释变量为国企主导度，控制变量为环境规制、产业结构水平、教育水平、城镇化水平。

（三）变量选取及说明

1. 被解释变量

绿色发展指数（PI）。环境污染包括水污染、空气污染、土壤污染以及光声污染等种类。在现实情况中，环境状况也是受多种污染共同影响的，因此单一种类的污染物很难反映复合污染状况。这里参考原毅军等人（2011）利用信息理论中的熵值法[①]，并进行适当变形，选取规模以上制造业企业每万元增加值的化学需氧量、二氧化硫、氮氧化物和氨氮排放量作为主要污染物指标，并计算复合污染指数。具体计算步骤如下：

---

① 原毅军、郭丽丽、任焕焕：《基于复合污染指数的省级环境技术效率测算》，载《中国人口·资源与环境》，2011 年第 10 期。

设 x_{ti} 为第 t 年第 i 种污染物的值，e_i 为该项数据的不确定程度（即熵值），则如式（6.2）所示：

$$e_i = -\ln N \sum \frac{x_{ti}}{\sum\limits_{t=1}^{n} x_{ti}} \ln \left(\frac{x_{ti}}{\sum\limits_{t=1}^{n} x_{ti}} \right) \qquad (6.2)$$

利用 e_i 计算每种污染物的熵权 w_i，作为每项污染物参与指数计算的权重，如式（6.3）所示：

$$w_i = \frac{1 - e_i}{n - \sum\limits_{i=1}^{n} e_i} \qquad (6.3)$$

最后，以 w_i 为权重计算各种污染物 p_i 的加权平均数，得出反映污染状况的污染指数：

$$PI = \sum_{i=1}^{n} w_i p_i \qquad (6.4)$$

2. 解释变量

国企主导度（dom）：为了保证实证结果的代表性，保证与上文结果的可比较性，本节同样选取制造业固定资产投资中的国有比重来表示东北地区制造业集群的国企主导程度。

3. 控制变量

（1）环境规制（gz）。环境规制是影响制造业集群绿色发展的最直接因素，地方政府是对于企业从事污染生产活动的最有力的监督者和惩罚者，较强的环境规制能够明显促进企业向着绿色生产模式转型，因此，笔者参考相关文献并采用本地区环境治理支出占本地区生产总值的比重来表示环境规制的强度。

（2）产业结构水平（adv）：一个地区的产业结构越高级、越合理，该地区的资源浪费、环境污染问题通常越少，较高的产业结构高级化水平意味着高科技、高附加值、低污染的产业在地方经济发展中的比重逐渐提升，同样也会影响到产业集群的绿色发展。因此，选用地区第三产业增加值与第二产业增加值的比重（adv）来衡量产业结构水平。

（3）教育水平（edu）：如果从业人员一般科学文化水平较高，通常会追求更高的生活品质，如购买更为绿色的产品，追求更优良的办公生活环境等，这些都会通过消费对生产的反作用，加速当地绿色产业的发展。因此，选取地区在校大学生数占人口比重来表示地区教育水平。

（4）城镇化水平（urban）：城镇化水平的提高不仅仅意味着农村劳动力、资金等生产要素流向城镇，同时也代表着地区工业化的进程与生产技术的提升，城镇化水平的提高也可以明显促进地区人力资本的积累，而这些因素都能够对产业集群的绿色生产提供基础保障。因此，选用城镇人口所在地区总人口比例进行地区城镇化水平衡量。

以上数据来自中国工业企业数据库，《中国环境年鉴》《中国工业统计年鉴》《中国国有资产监督管理年鉴》以及各地级市统计年鉴与统计公报，部分数据由笔者调研计算整理，为了保证研究的科学性和针对性，笔者参考张军（2004）和徐现祥（2007）的方法，将投资额、地区生产总值等数据用固定投资价格指数和 GDP 平减指数进行处理。为了消除异方差，以及使回归系数有更好的解释意义，所有数据在模型计算中取对数，各个变量原始数据的统计性描述如表 6-1 所示。

表 6-1　　　　　　　　　　变量统计性描述

变量名称	平均值	中位数	最大值	最小值	标准差
PI	0.5285	0.5103	0.9814	0.0061	1.3829
dom	0.2381	0.2194	0.3723	0.1132	3.2584
gz	2.1516	1.8653	4.9651	0.6121	32.8793
adv	0.9243	1.3133	4.1653	0.4165	1.5161
edu	0.0260	0.0357	0.0438	0.0065	2.1141
urban	0.4346	0.5214	0.7537	0.3974	34.7964

二、实证结果分析

为了保证数据的平稳性，对数据进行了单位根与协整检验，所有数据通过了协整检验。在模型选择上，霍斯曼检验显示选择采用固定效应模型。回归结果评价上,所有方程修正后的 R^2 均超过了 0.6,且大多数变量为显著,表明方程能够较好地反映国企主导与产业集群绿色发展之间的关系。基本回归结果如表 6-2 所示。模型 1 和模型 2 是未加入国企主导度二次项的回归方程,其中模型 1 是未加入控制变量的基准回归,模型 2 是加入控制变量后的扩展回归;模型 3 和模型 4 是加入国企主导度二次项的回归方程,其中模型 3 是未加入控制变量的基准回归,模型 4 是加入控制变量后的扩展回归。观察回归结果可以发现,当东北地区制造业集群的国企主导程度在一定范围的时候,确实能够改善制造业集群的资源使用效率,降低环境污染水平,提升绿色生产能力,但当东北地区制造业集群中的国有企业主导程度不断增加,并超过一定值以后,这种国企主导特征反而会对制造业集群的进一步转型升级起到一定程度的抑制作用。国有企业作为我国一种特殊的企业性质,其本身具有特殊的经济任务以及制度优势,国有企业不同于其他私人企业,它既有一定的经济功能,也有不可忽视的社会功能。国有企业的经济功能是指其作为一个市场主体,也追求一定的利润和回报,而其特有的社会功能是指其在追求经济利润的同时,还肩负着提高资源使用效率、促进就业、维持经济社会稳定等责任。因此,国有企业主导的制造业集群较其他类型的产业集群更能体现出社会功能,在节能减排、技术创新、制度改革等方面都走在前列,这必然会提升产业集群的绿色生产能力,提高资源的使用效率。但国有企业也存在种种弊端,包括效率低下、亏损严重、部分企业产能过剩、资源浪费等,经过一系列的国有企业改革,我国现存的国有企业基本是大型企业且属于国家支撑产业范围,这些国有企业往往市场份额较高,市场话语权很重。在东北地区制造业集群发展过程中,当国企主导程度过高的时候,其存在的种种弊端就会大于优势,对集群的转型升级起到一定的阻碍作用,对东北地区大型国有企业而言,其主要弊端便是产能过剩与环境污染,因此当东北地区制造业集群中的国有企业主导程度不断增加时,会对集群的绿色生产起到阻碍作用。控制变量的符号也符合预期,环境规制的系数显著为负,表示当环境规制强度提升时,会明显提高企业的绿色生产能力;产业结构水平的系数显著为负，表示地区产业结构水平越高级，越能促进产业集群的转型升级；教育水平的系数显著为负，一方面，教育水平的提高为产业集群技术创新提供了人力资本，另一方面，劳动人口素质的提高也倾向于绿色的生产与消费方式；城镇化水平的系数并不显著，表示城镇化水平的提高可能伴随着其他问题，对产业集群转型升级的促进作用并不明显。

表 6 - 2　　　　　　　　　　　　　　基本回归结果

变量	模型 1	模型 2	模型 3	模型 4
lndom	- 0. 1533 ** （0. 0471）	- 0. 2139 ** （0. 0116）	- 0. 1857 *** （0. 0000）	- 0. 2833 ** （0. 0250）
$\ln (dom)^2$			0. 1152 （0. 1012）	0. 2183 * （0. 0577）
lngz		- 0. 8214 ** （0. 0121）		- 0. 6384 ** （0. 0178）
lnadv		- 0. 1944 * （0. 0552）		- 0. 2844 * （0. 0742）
lnedu		- 0. 2449 ** （0. 0299）		- 0. 1784 ** （0. 0291）
lnurban		- 0. 2133 （0. 2261）		- 0. 2349 （0. 1784）
截距项	3. 2129 *** （0. 0000）	1. 8329 *** （0. 0000）	2. 3113 ** （0. 0214）	2. 3711 *** （0. 0002）
检验 F	78. 8134 （0. 0000）	134. 5925 （0. 0000）	67. 3994 （0. 0000）	67. 3285 （0. 0000）
修正后 R^2	0. 6639	0. 7028	0. 6134	0. 6214

三、稳健性检验

上述模型回归结果基本验证了上述的理论分析，国企主导度的提升在产业产值规模的初期起到明显的促进作用，并且随着国企主导程度的不断提升，其抑制作用在制造业集群的集聚程度上体现愈发明显。然而仅仅依靠上述模型就得出这样的结论仍存在着较大的不确定性，难以让人信服。基于此，为了保证结果的稳健性，本节同样采用近似变量替换和移动平均处理进行稳健性检验。稳健性结果证明了结论的稳健性。

（一）近似变量替换

为了减小变量选取对实证研究造成的偶然性影响，增强研究的可信度，采用近似变量替换的方法进行稳健性检验。采用排污费衡量环境规制；用第三产业就业人数占总就业人口比重衡量产业结构水平；用地区6岁以上人口中大专以上学历的比重衡量教育水平；用以非农产业增加值占地区生产总值比重衡量城镇化水平，由于篇幅原因，指标表示名称并未改变。表6-3中模型5和模型6为变量替换后的稳健性结果，替换变量后的方程与基本回归结果在显著性上基本保持一致，通过了稳健性检验，说明实证结果具有较好的稳健性。

（二）移动平均处理

选取的样本空间同样是1998~2017年地级市层面数据，因此也需要进行将数据3次移动平均处理，对模型进行重新估计，以保证文章结论的稳健性。模型7和模型8是将数据进行移动平均处理后的估计结果，结果依然稳健，在此不作赘述。

表6-3　　　　　　　　　　稳健性检验结果

变量	模型5	模型6	模型7	模型8
lndom	-0.2847** (0.0124)	-0.1893** (0.0284)	-0.0928*** (0.0000)	-0.2110** (0.0110)
ln（dom）²		0.2939* (0.0928)		0.2013** (0.0337)

续表

变量	模型 5	模型 6	模型 7	模型 8
lngz	- 0. 6382 ** (0. 0229)	- 0. 7722 * (0. 0721)	- 0. 6821 ** (0. 0312)	- 0. 5323 ** (0. 0101)
lnadv	- 0. 2144 * (0. 0728)	- 0. 2001 * (0. 0712)	- 0. 1368 * (0. 0832)	- 0. 2224 ** (0. 0312)
lnedu	- 0. 0722 * (0. 0738)	- 0. 1022 * (0. 0673)	- 0. 0993 * (0. 0841)	- 0. 0284 ** (0. 0151)
lnurban	- 0. 1299 (0. 1631)	- 0. 1833 * (0. 0572)	- 0. 1093 (0. 1739)	- 0. 2321 (0. 2731)
截距项	2. 4781 *** (0. 0000)	2. 4213 *** (0. 0000)	1. 3239 *** (0. 0000)	1. 0638 *** (0. 0001)
检验 F	87. 3282 (0. 0000)	129. 3244 (0. 0000)	87. 3244 (0. 0000)	77. 3293 (0. 0000)
修正后 R^2	0. 7823	0. 7111	0. 6937	0. 6984

第二节　国企主导型制造业集群效率提升计量分析

一、中介效应分析

　　国有企业主导在东北地区制造业集群的效率提升方面有着直接的促进作用，国有企业是我国国民经济中最重要的组成部分，尤其是在新中国成立初期的经济体系建设中起到了极为关键的作用。改革开放以前，东北三省长期作为我国经济建设的"领头羊"，特别是在我国进行工业体系构建、大型装备制造等方面发挥了重要作用。经过一系列的国有企业改革，国有企业运行模式也不断完善，虽然依然存在着种种问题，但是其在产品研发、技术创新等方面的作用得到了广泛认可。本节研究主要针对东北地区制造业集群的生产效率提升，而生产效率的提升主要来源于技术进步与科技创新，因此在研究国有企业在东北地区制造业集群的主导程度时，将研究重点放在国有企业的研发主导方面。国有企业在制造业集群处于主导地位时，其研发创新活动自然会提高整个产业集群的生产效率，在同一集群中的企业往往属于利益相关或者上下游产业，当处于主导地位的大型国有企业通过研发投入提高自身的生产效率时，其周边企业自然会受到辐射作用而降低生产成本，缩短产品生产时间，提高生产效率。

国有企业主导还能通过间接途径促进东北地区制造业集群的生产效率提升。一方面，国有企业能够知识溢出带动制造业集群生产效率提升。国有企业主导尤其是研发主导能够很好地给周边企业起到一个示范作用和拉动作用，大型国有企业有着雄厚的资金和独特的制度优势，其风险承受能力是一般民营企业不可比拟的，因此，一些投入大、风险高但又不可或缺的基础性、长期性研发基本都由国有企业承担。由于国有企业在集群中处于主导地位，其研发活动具有很高的正外部性，国有企业可以通过信息交流、生产环节外包等途径实现知识溢出和技术扩散。总体而言，国有企业的研发主导不仅能够直接促进东北地区制造业集群的效率提升，还能通过知识溢出的途径间接促进东北地区制造业集群的技术进步。另一方面，国有企业主导还能通过人力资本积累提高制造业集群的生产效率，国有企业主导促进地区人力资本积累主要体现在三个方面：第一，东北地区大型国有企业对人才尤其是本土人才依旧保持着强劲的吸引力。东北地区人才流失较为严重，但这并未对大型国有企业的人才吸引能力产生较大影响，国有企业凭借其自身的制度优势、待遇优势会对本土优秀人才有着很强的吸引力，并且随着东北地区营商环境的进一步改善，这种吸引作用会进一步提高。第二，大型国有企业通过大量的研发投入提高自身研发人员与员工的技术水平，这可以理解为国有企业自身纵向的人力资本水平提升。一方面，国有企业资金雄厚，科研能力较强，有利于科研人员从事相关的创新活动；另一方面，国有企业员工率先接触到先进的技术和先进的生产经验，能够通过"干中学"

提供自身技能水平。第三，国企主导型制造业集群中的国有企业能够通过技能培训、技术支持等方式提高整个集群甚至地区的人力资本水平。很多中小型企业与大型国有企业保持着良好的合作交流关系，并且大型国有企业通常会与合作企业保持技术支持与技能培训。

二、模型设定与变量选取

（一）模型简介与构建

在统计学领域，中介变量有着重要的理论意义和实证意义。当我们研究解释变量 X 与被解释变量 Y 的相关关系时，X 不仅仅通过直接作用影响到 Y，还通过第三方变量 M 间接作用影响到 Y，那么称 M 为中介变量。随着各个学科研究的不断深入，中介效应分析的应用越来越广泛。值得注意的是，间接效应跟中介效应并不是指的同一影响模式，间接效应指的是变量 X 通过其他一种或者多种途径对变量 Y 产生影响，并且当解释变量与被解释变量相关系数为 0 时，这两者之间仍然可能存在间接效应；中介效应则可以理解成间接效应的一种特殊形式，它是在解释变量与被解释变量相关关系显著的前提下，试图寻找 X 影响 Y 的第三方变量，也就是说，当解释变量与被解释变量有很强的相关关系，且中介变量只有一个的时候，中介效应就是间接效应。国外对于中介变量的研究起步较早，成果较为成熟全面，但国内学者系统应用中介变量进行统计分析起步于 21 世纪初期，温忠麟等（2004）首次在国内提出中介模型的构建以及检验方法，并在心理学领域得到广泛应用。[①] 近几年，随着现实问题愈发复杂和经济社会研究愈发全面，中介模型在经济学领域的应用越来越广泛，中介效应分析不仅在统计方法和统计结果上更加准确、先进，它还能深入探讨变量之间的真实作用机制和影响途

---

① 温忠麟、张雷、侯杰泰、刘红云：《中介效应检验程序及其应用》，载《心理学报》，2004 年第 5 期。

径。接下通过只含有一个中介变量、解释变量和被解释变量的模型对中介模型进行简要说明，其检验方法与模型设定与含有多个解释变量、被解释变量以及中介变量原理相同。

根据图6-1，可以建立最基本的中介模型如式（6.5）、式（6.6）和式（6.7）所示：

$$Y = cX + \varepsilon_1 \tag{6.5}$$

$$M = aX + \varepsilon_2 \tag{6.6}$$

$$Y = c'X + bM + \varepsilon_3 \tag{6.7}$$

其中，Y表示被解释变量，X表示解释变量，M表示中介变量。c表示解释变量对被解释变量的总效应，$a \times b$表示解释变量通过中介变量对被解释变量的中介效应，c'表示解释变量对被解释变量的直接效应，$\varepsilon_{i,i=1,2,3}$表示随机扰动项，上述系数满足$c' = c - a \times b$。

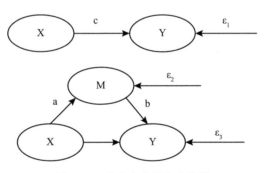

图6-1 单中介变量中介模型

目前，学术界普遍认同的中介效应检验方法主要包括以下几种：

1. 因果步骤法

第一步，因果步骤法将系数c的显著与否作为检验的前提条件，也就是说当系数c显著时，解释变量会显著影响被解释变量，可能存在中介效应，进行下一步检验；系数c若不显著时，则认为不存在中介效应。

第二步，将解释变量与中介变量进行回归，检验系数a的显著性，检验依据同第一步。

第三步，解释变量、中介变量与被解释变量同时进行回归，检验系数 c' 和 b 的显著性。观察所有系数的显著性，如果系数 a、b、c 都显著，系数 c' 不显著，则说明解释变量对被解释变量的影响作用完全通过中介效应体现，并不存在直接影响作用，称为完全中介效应；如果 c' 显著，但是其数值大小小于系数 c，则说明存在部分中介效应。因果步骤法虽然在学术界有一定争议，但仍然是最流行的中介效应检验方法之一。

2. Sobel 检验法

Sobel 法是通过以构造一个新的变量值为前提的中介效应检验方法，构造公式：$z = \dfrac{\hat{a}\hat{b}}{\hat{\sigma}}$，其中 $\hat{a}\hat{b}$ 表示系数 ab 的估计值，$\hat{\sigma}$ 表示 $\hat{a}\hat{b}$ 的标准误。Sobel 法要求系数 a、b 的估计值必须是服从正态分布，且是在大样本条件下进行中介效应检验。若 a、b 的估计值服从正态分布，则将利用公式求出来的 z 值与标准正态分布的临近值进行比较，若 z 大于临界值，则说明中介效应存在，反之，则不存在。Sobel 法是系数乘积检验法之一，与因果步骤法不同的是，这种方法直接检验系数 a、b 的显著性，不再考虑系数 c 的显著性，并且提供相应的置信区间，有不少学者认为该方法在计量效果上要优于因果步骤法，因此逐渐被更多的学者接受并使用。

通过上述检验方法的介绍并查阅相关文献，将采用温忠麟等（2004）[1] 提出的中介效应检验程序，检验步骤如下：

第一步，检验系数 c 的显著性，若系数 c 不显著，则不存在中介效应；若系数 c 显著，则进行第二步检验。

第二步，依次检验系数 a 和系数 b 的显著性，若系数 a、b 都显著，则继续检验系数 c'，若 c' 同样显著，则说明存在中介效应；若系数 c' 不显著，则说明存在完全中介效应。若系数 a、b 至少有一个不显著，进行第三步检验。

第三步，将系数 a、b 的估计值进行 Sobel 法检验，若显著，则模型

---

[1]　温忠麟、张雷、侯杰泰、刘红云：《中介效应检验程序及其应用》，载《心理学报》，2004 年第 5 期。

存在中介效应；若不显著，则模型不存在中介效应。

模型设定：

根据上述理论分析和模型介绍，设立中介效应计量模型如式（6.8）、式（6.9）和式（6-10）所示：

$$\ln y_{it} = \alpha_1 + cdom_{it} + \beta_j \ln X_{i,j,t} + u_{it} \qquad (6.8)$$

$$\ln M_{it} = \alpha_2 + a_i \ln dom_{it} + \beta_j \ln X_{i,j,t} + u_{it} \qquad (6.9)$$

$$\ln y_{it} = \alpha_3 + b_i \ln M_{it} + c' \ln dom_{it} + \beta_j \ln X_{i,j,t} + u_{it} \qquad (6.10)$$

其中，$\ln y_{it}$ 为被解释变量，表示集群效率提升；$\ln dev_{it}$ 为核心解释变量，表示国有企业主导程度；M_{it} 表示中介变量；$\ln X_{i,j,t}$ 表示一系列控制变量，u_{it} 表示随机扰动项。

（二）变量选取及说明

1. 被解释变量

生产效率（TFP）：目前，用企业全要素生产率来衡量企业的生产效率已经成为学术界的共识。考虑到数据的可得性，采用学者们比较常用的对数化的柯布-道格拉斯函数获得，具体做法为：将方程（6.11）进行 OLS 估计，其中 Y 代表企业的产出水平，用企业业务收入表示；L 表示表示劳动力投入水平，用就业人员数表示；K 表示资本水平，用企业当年固定资产投资表示；M 表示企业原材料等投入的总成本。

$$\ln Y_{it} = \alpha_0 + \alpha_1 \ln L_1 + \alpha_2 \ln K_i + \alpha_3 \ln M_i + \mu_i \qquad (6.11)$$

2. 解释变量

国有企业研发主导度（domR&D）：由上述分析可知，大型国有企业的研发活动在产业集群中有着很高的主导性，并且生产效率的提升最直接来源于技术进步与科技创新。因此，在本节中将国有企业在东北地区制造业集群的主导程度的关注点放在国企研发主导，并选用国有企业研发投入占规模以上企业研发投入的比重来衡量。

3. 中介变量

知识溢出（kno）：国有企业的研发创新活动能够通过示范效应、生产合作、人员流动等途径拉动周边企业的技术进步，这种知识溢出现象能够很好地发挥国有企业的带头作用与主导作用。因此，参考现有文献①②，构建知识溢出衡量指标，公式为式（6.12）：

$$DIV = \frac{1}{\sum_{j} s_j^2} \tag{6.12}$$

其中，s_j 表示地级市层面中一个制造业种类 j 的产出占总的制造业的产出份额。

人力资本积累（hum）：国有企业研发主导不仅能够提高自身人才技术水平，还能够通过人才吸引等方式提高整个地区的人力资本水平。采取每十万在校大学生人数表示人力资本水平。

4. 控制变量

本节同样选取环境规制（gz）、产业结构水平（adv）和城镇化水平（urban）作为控制变量，计算方法与上面章节保持一致，在此不作赘述。

研究样本、数据来源与处理方法与上面章节相同，各指标数据统计性描述如表 6－4 所示：

表 6－4　　　　　　　　　　变量统计性描述

变量名称	平均值	中位数	最大值	最小值	标准差
TFP	2.1173	2.4722	3.2129	-1.5233	2.3234
domR&D	0.3242	0.3732	0.4792	0.1033	4.2213
kno	2.1839	2.4123	5.5358	1.3024	3.7482
hum	9932	9856	14395	7832	89.3244
gz	2.1516	1.8653	4.9651	0.6121	32.8793
adv	0.9243	1.3133	4.1653	0.4165	1.5161
edu	0.0260	0.0357	0.0438	0.0065	2.1141
urban	0.4346	0.5214	0.7537	0.3974	34.7964

---

① 张玉明、聂艳华、李凯：《知识溢出对区域创新产出影响的实证分析——以高技术产业为例》，载《软科学》，2009 年第 7 期。

② 张昕、李廉水：《制造业集聚、知识溢出与区域创新绩效——以我国医药、电子及通讯设备制造业为例的实证研究》，载《数量经济技术经济研究》，2007 年第 8 期。

三、实证结果分析

中介模型的实证结果如表 6 – 5 所示：

表 6 – 5   中介模型实证结果

变量	模型 9	模型 10	模型 11	模型 12
	lnTFP	lnkno	lnhum	lnTFP
lndomR&D	0.5729 *** (0.0001)	0.3729 ** (0.0266)	0.2356 ** (0.0328)	0.2794 *** (0.0003)
lnkno				0.3075 * (0.0544)
lnhum				0.7928 ** (0.0174)
控制变量	是	是	是	是
常数项	2.3724 *** (0.0000)	2.7429 * (0.0561)	2.4358 ** (0.0389)	3.4355 *** (0.0001)
R^2	0.8512	0.8360	0.7833	0.8324

由以上结果可以看出，回归系数 a、b、c′的估计值都显著，且系数 c 的估计值大于 c′，说明国有企业研发主导与东北地区制造业集群生产效率提升存在着不完全的中介效应，也就是说，国有企业研发主导既能直接影响到东北地区制造业集群生产效率提升，也能通过间接途径影响集群发展。总体来看，国有企业研发主导的中介效应为 0.3015（c – c′ = 0.5729 – 0.2714），进一步计算 $\sum a_i \times b_i$，i = 1，2，3（0.3729 × 0.3075 + 0.2356 × 0.7928）得到的结果与 0.3015 基本一致。说明国有企业研发主导确实通过间接作用影响国企主导型制造业集群的发展，并且直接效应略低于间接效应，但差别不是很大。

具体来看，国有企业研发主导通过知识溢出途径对生产效率提升的作用要大于人力资本积累途径。国有企业研发投入能够提高所在产业集群的技术水平和生产效率，特别是东北地区制造业集群中的大型国有企业。进一步地，国有企业研发主导还能通过溢出作用间接促进东北地区制造业集群的生产效率提升。国有企业通过知识、技术溢出间接促进产业集群技术进步主要在于其研发活动有着很强的正外部性，特别是对于集群内部民营企业的拉动作用。国有企业研发活动的溢出效应主要体现在三个方面：第一，国有企业的创新研发活动能够很好地给周边民营企业起到示范作用，有利于一些资本不够充足的民营企业进行技术跟进。国有企业通常资金雄厚，并且更容易获得银行等金融机构的资金支持以及政府的政策倾斜，因此，面对一些风险较大、研发收益不确定和一些长期性、基础性的创新活动，国有企业往往有着不可代替的优势和能力。国有企业通过投入大量的资金与人力获得的研发成果，可以很好地引领周边企业，而一些中小型民营企业可以以此作为产品标杆进行生产与技术跟进。第二，国有企业会通过生产合作、信息交流等方式将新的技术与产品扩散至周边的企业，在产业集群内部，特别是国企主导型制造业集群，很多中小型制造业企业都是依附于大型国有企业，处于大型国有企业的上下游产业。因此，国有企业的新技术可以迅速地通过知识溢出途径在集群内扩散。第三，国有企业与民营企业之间的人员流动也是知识溢出的一个重要方面。大型国有企业的技术人员跳槽至民营企业的现象较为普遍，人员的流动自然会带来技术的扩散与先进经验的共享。国有企业主导通过人力资本积累间接促进生产效率提升的作用略低。如上所述，一方面，东北地区长期处于计划经济体制之下，相较于民营企业，研发人员缺乏有效激励，可能导致掌握核心技术的研发人员跳槽至薪资待遇更高的其他企业，使得集群并未形成对人才的吸引。但是另一方面，大型国有企业较高的福利待遇、特殊的制度优势和充足的研发资金也可能吸引人才。总体而言，国有企业的研发主导不仅能够直接促进东北地区制造业集群的效率提升，还能通过知识溢出、人力资本积累等途径间接促进东北地区制造业集群的技术进步。

第三节　本章小结

本章旨在通过搜集数据对东北地区国企主导型制造业集群的转型效应进行实证研究，在上一章对东北地区制造业集群增长效应研究基础上，进一步找出其在转型升级过程中的具体问题并进行分析。首先，本章将东北地区制造业集群的转型效应分为绿色发展与生产效率提升，分别从这两个方面分析国企主导对集群转型的影响；其次，本章在研究东北地区制造业集群绿色发展时，将研究重点放在国有企业的投资主导，研究国企投资主导对东北地区制造业集群绿色发展的具体作用方式；再次，本章在研究东北地区制造业集群生产效率提升时，将研究重点转为国有企业的研发主导，分析了国有企业研发主导提高东北地区制造业集群生产效率的作用机制，并建立中介效应模型进行实证检验；最后，通过一系列的稳健性检验与内生性问题的解决，保证实证结论的稳健性与合理性。本章通过实证分析主要得到以下结论：

第一，东北地区制造业集群的国有企业主导程度在一定范围内会促进产业集群的绿色发展，但随着国有企业程度的不断提高，国有企业的一些弊端就会被不断放大，从而抑制产业集群绿色发展的进一步提升。

第二，国有企业主导对于东北地区制造业集群生产效率的促进作用主要体现在研发主导方面，国有企业研发投入能够显著提高东北地区制造业集群的生产效率。

第三，国有企业研发主导能够通过知识溢出和人力资本积累两个途径促进东北地区制造业集群的生产效率提升。具体来看，国有企业研发主导促进国企主导型制造业集群生产效率的间接效应略高于直接效应，但差别不是很大，并且通过知识溢出途径对生产效率提升的作用要大于人力资本积累途径。

第七章

研究结论与政策启示

第一节 研究的主要结论

以新一轮东北振兴为背景，研究东北地区制造业集群发展面临的新问题与转型的新思路，重点探讨"国企主导型"这一具有东北区域特色的制造业集群的增长与转型问题。研究从东北地区制造业集群发展的特殊环境入手，着重分析"国企主导"这一地方特色，即集群围绕着核心国企产生与发展，主导国企发展决定着集群的形态与发展路径。根据产业集群本质是一种产业组织的特性，引入比较制度分析理论中关于组织变迁与信息结构的相关理论，将国企主导特征进行制度经济学上的提炼，进而构建了一个包含国企主体的增长模型，提出国企主导这一特征可能对制造业集群增长与转型产生的影响，并分析这种影响发挥作用可能的现实机制。在理论模型分析假说的基础上，进一步地结合东北地区国企主导型制造业集群发展的现实情况进行定性分析。结合数据的可得性与代表性，研究选取沈阳、大连、哈尔滨、长春、齐齐哈尔和吉林六个主要工业城市 1998～2017 二十年间的数据进行实证检验。研究得出了以下主要结论：

第一，国企主导特征对东北制造业集群集聚水平呈现出显著的促进效应。研究首先假定由于国企在制造业集群发展初期能够获得政策支持大量吸收资本、劳动力等要素，所以会对产业的集聚起到促进作用。但是随着集群的发展和成熟，可能国企的规模不经济会导致集聚程度的下降。但是东北国企对制造业集群集聚水平呈现出显著的正向影响，系数为负的二次项不显著，结合东北实情我们给出了两个可能的解释：一方面，大多数东北制造业主导国有企业规模较大，并且拥有着许多的子公司和上下游相关企业，随着国企主导程度的不断提高，国有企业在集群中的核心作用愈发明显，会吸引大量的相关产业以及利益相关企业不断集聚，从而提高产业集聚程度；另一方面，东北地区一直存在着"强政府、弱市场"现象，政府对于市场的干预很大程度上通过国有企业来完成，而大部分的政府投资项目也由国有企业来实施，这就使国有企业在地方市场上有着很强的主导作用和决定作用，因此就会有许多企业以主导国企所在位置集聚，使得产业集群的集聚程度不断增大。这两种情况都可能使得国企规模不经济区间的影响没能得到显现。

第二，国企主导特征对东北制造业集群的产值规模呈现出先促进、后抑制的"倒 U 型"作用。研究理论分析假设国企在集群发展期有着较强的大型项目投资能力，并且在与政府协商集群土地使用、基础设施建设上具有一定优势，因此国企的发展会带来集群以产值衡量规模的扩大；随后当国企进入规模不经济阶段时，会通过挤占民营企业生存空间、投资效率低下和政企合谋滋生无效率的非市场行为等机制，抑制集群产值的提升。相关的实证方程一次项系数为正，二次项系数为负，较好地说明了东北地区国企对制造业集群产业规模呈现出"先促进，后抑制"规律，且目前就制造业总体情况而言，已经处于抑制阶段。

第三，国企主导特征对东北制造业集群向资源节约、环境友好方向转型升级可以起到促进作用。理论模型推导分析，认为国企主导这一特征是否会推进制造业集群转型，一个重要的影响因素是能否实现单位产出资源消耗的降低，即国有企业能否引导制造业集群向着资源节约、环境友好的方向发展。通过东北地区单位工业产出污染与国企工业企业数量相关系数分布的定性分析，我们发现国企数量与污染呈现出正向相关，但是正相关程度在减弱。因此我们猜测当前东北国企可能正在发挥促进资源节约、环境友好的正向作用，但是总效应的正负仍然不能确定。通过更为严密的污染指数核算与实证分析，发现这种影响也是非线性的：当东北地区制造业集群的国企主导程度在一定范围的时候，确实能够改善制造业集群的资源使用效率，降低环境污染水平，提升绿色生产能力，但当东北地区制造业集群中的国有企业主导程度不断增加，并超过一定值以后，这种国企主导特征反而会对制造业集群的进一步转型升级起到一定程度的抑制作用。

第四，国企主导特征对东北制造业集群创新发展具有显著的促进作用，促进作用通过知识溢出与人力资本培育两个机制产生作用。通过实证研究发现，国企主导水平的提高会促进东北地区制造业集群技术创新水平的提升。说明东北地区国企相较于其他企业拥有着雄厚的实力，更愿意投入风险较大的、收入周期长的创新项目，发挥促进区域创新的积极作用。在定性分析中发现，围绕着创新密集的制造业中心城市，创新与国企数量的相关系数有提升的趋势，因此猜测东北地区可能存在着国企通过知识溢出促进制造业集群创新的发展；相似的人力资本的定性分析也发现类似现象，但是不如知识溢出明显。实证研究通过中介模型对这两种机制进行了检验，发现两种机制的中介效应变量都是显著的，说明这两种机制确实存在，并且知识溢出机制发挥的作用要大于人力资本积累，这与第四章定性分析的发现相一致，实证检验支持了研究的相关猜想。

第五，国企主导对东北地区制造业集群发展也存在着负面影响。企业内部管理混乱、个体层面效率低下、集群层面抑制其他主体成长，这些都是国企主导给东北部分制造业集群发展带来的弊端。也正是这些负面影响的存在，解释了实证模型中国企主导对制造业集群产值呈现"先促进、后抑制"特征中抑制作用的部分。国企主导这一特征在提升东北制造业集群集聚规模的同时，并未带来部分集群效率的提升，甚至降低了集群的效率。国企主导凭借政策执行顺畅，可以容忍短期损失等优势，在东北地区创新与绿色转型发展中起到积极的作用，但是也存在着阻碍知识溢出，保护部分落后产能等负面影响。定性与定量的分析都印证了相关结论。在对国企主导特征对东北地区制造业发展的认识过程中，应该全面辩证地看待国企发挥的正面与负面作用。

第二节　研究的政策启示

结合研究主要结论和东北制造业发展实际情况，研究可能为发挥国企在东北制造业集群转型升级中的积极作用提供以下政策启示。

一、推进所有制结构改革

鼓励国企通过市场化手段吸收生产要素，减少非市场渠道的要素吸收，使国企在提升东北地区制造业集聚规模的同时提升集聚效率。这一点启示来自实证研究的结果发现，东北地区国企主导程度会带来产业集聚水平的正向提升，但是对集群产值的影响则是"先促进，后抑制"的"倒U型"。集群形成的根本原因是规模经济，研究结果说明东北地区国企会吸纳更多的生产要素，但是当前却没有带来规模经济效益。分析这种情况可能是因为国企通过在金融、公共资源分配和市场许可等方面的优势，能够吸收更多的生产要素，但是这种扩张可能是缺乏效率的，甚至会挤占民营经济的发展。

这种低效率集聚在现实中表现为东北地区国企主导型集群中都存在着不同程度的国企过度扩张挤占民营企业发展空间的行为。甚至部分制造业集群的最优发展目标已经不再是国企主导型时，国企仍然不能实现有效退出。要解决这一问题，应该从推动国企混改与增强民营企业实力两方面入手。

一方面，要积极鼓励东北地区国企加大混合所有制改革力度，加速推进国企混改进程。要积极引入我国发达地区优质非国有资本参与东北国有企业改革。鼓励非国有资本投资主体通过出资入股、收购股权、认购可转债、股权置换等多种方式，参与东北国有企业改制重组或国有控股上市公司增资扩股以及企业经营管理，并实行同股同权。还要鼓励国有资本以多种方式入股非国有企业，为东北民营企业发展提供有力支持。发挥国有资本投资、运营公司的资本运作平台作用，通过市场化方式，以公共服务、高新技术、生态环保、战略性产业为重点领域，对发展潜力大、成长性强的非国有企业进行股权投资。鼓励国有企业通过投资入股、联合投资、重组等多种方式，与非国有企业进行股权融合、战略合作、资源整合。

另一方面，要深化改革促进民营经济发展，为集群内非公经济单位提供开放公正的发展环境。要坚持市场化改革趋势不动摇，最大限度地放开市场、放宽政策、放活人才，尤其是在电力、金融、资源开采等重要领域，大力突破多种对民间资本产生压制的市场门槛，加速推动国企改革，推动混合所有制经济发展，不断开放市场环境，建立公平公正的市场竞争环境，释放民间资本的巨大潜力，为各类所有制经济提供更大的发展空间，让民间资本有"自由意志"地去追逐或配置资本、劳动、人才、管理、技术等生产要素，为打造中国经济升级版增添新动力。

二、加强对国企产能可持续性的监督管理

这一点建议来自关于国企主导这一特征是否促进了东北制造业集群的绿色发展的研究结论。结论指出，只有适度的国企主导程度才可以发挥国企对制造业集群环境友好、资源节约发展的积极作用。结合定性分析，说明当前东北在"去产能"的供给侧改革过程中，确实已经关停了一批落后产能工厂，但是落后产能在东北仍然存在。且随着近年来钢铁、水泥等建筑材料价格的回升，落后产能有死灰复燃的趋势。因此，国企作为代表全体人民利益的企业，应该首先发挥在区域可持续发展中的带动作用，绝不能充当落后产能的"保护伞"，通过国企的特殊优势来规避落后产能的筛查。需要建立长效的国企产能可持续性监督机制，并做到以下几点：

第一，基础制度的完善。在《中华人民共和国环境保护法》与供给侧改革关于"去产能"的相关基础上，结合辽宁、吉林和黑龙江不同地区的情况，制定不同的国有制造业落后产能标准，并且针对国企的标准不能低于同地区同时期的其他企业。

第二，针对重点行业和重点企业加强监督。东北地区钢铁、有色金属和石油化工等高污染高能耗企业众多，要加强对重点产业的监督，尤其是有些产业集群跨市级行政区域（如辽中南的石化产业集群），要明确不同区域的国企责任。尤其是要监督地方政府是否有激励默许地方性国企转移污染、推脱责任的问题。

第三，鼓励国企收购和改造落后产能。对于因污染问题已经关停的落后产能，民营企业出于改造成本和投资周期问题往往不愿意回收，但是长期关停则会带来资源的浪费。应该鼓励国企发挥节能环保生产的带动作用，对有价值继续生产的矿山、工厂进行收购和改造，使资源能够得到有效的利用。

三、保持国企对核心技术的控制力

从实证研究中可以看到，国企主导制造业集群对东北地区制造业集群创新的正向作用显著。在核心技术、基础技术和前沿技术领域，需要利用国企研发能力与研发资金的优势，保持国企对核心关键技术的控制力。与此同时，继续发扬实证研究汇总发现的东北地区国有企业知识溢出作用发挥较好的优势。结合东北制造业集群发展的现实情况，对国企在技术领域发展提出以下几点意见：

第一，深入推动国企参与"互联网＋制造业"等前沿领域的探索，让结合实体经济与线上线下经济的发展，围绕制成品、产品生产线、交通运输链及供应商的整套流程，开展融合跨界技术创新，支持企业与全球技术资源开展合作，促进智能化发展带动制造业产业发展，尤其针对以沈阳市为智慧型城市的建设，加大对黑龙江省、吉林省等东北地区的电子服务城市的支持，扩大对葫芦岛、绥芬河、哈尔滨等电子服务口岸的政策扶持与对接，开展当地非金融机构的第三方网上支付业务。

第二，注重国企投资制造业的新型产业部门，建立和培育新兴产业基地。东北针对新兴产业，各地政府首先应当制定各个城市发展的战略计划，拓展出一批新兴产业的发展空间，发展出一批有优势、特征鲜明、发展目标明确的新兴产业，促进东北三省的产业发展。同时推动东北地区智能装备的发展、航空产业、生物制药研发及生产产业及集成电路装备的强力发展与壮大。

第三，推动国企在对接基础科研成果与制造业的深度融合中的作用，让国企与地方科研机构拥有更多接触的机会，尤其是与中科院沈阳部分科研院所的对接。促进互联网技术、大数据、云计算等的科技研发。重点推进有色、化工、钢材等行业向绿色产业的转化升级，着力推动东北地区的食品、船舶、机械等的智能改造，打造一批具有国际竞争力的智能化产业集群和制造业集群，扩大东北地区在国内和国际制造业发展的国际影响力。

第四，利用国企在集群中主导的市场影响力，以国企技术革新推动其他企业研发，通过产业链、供应链发挥知识溢出效应。应用技术研发层面，鼓励国企积极参与技术市场竞争，为国企注入更多的市场动力。

四、优化国企管理体制增强人才吸引力

这一点建议来自定性与定量分析中的发现，东北地区国企主导水平对人力资本积累的存在正向作用，但是作用显著低于知识溢出和直接效应。从第四章第一节评价指标体系中可以看出，辽宁地区人才培育能力并不低，重要的是人才吸引与留住人才的能力需要加强。

企业管理制度与企业文化会对人力资本质量与数量的提升产生积极作用，国有企业的研发能力与创新能力归根结底来自国企成员能力的提升与观念的转变。东北地区当前已经围绕提升创新能力展开了一系列改革并初见成效。本书认为，当前东北国企在加强部门调整、人才待遇、履职监督等"硬激励"制度建设的同时，更应注重管理方法、企业文

化、发展理念等"软激励"制度建设，以此发挥非正式制度对促进人力资本积累的长期作用。

一是破除传统保守思维，勇于接受包容性开放文化。东北地区应该积极加快对内和对外开放步伐，加强与国内外友好城市和友好地区的交流，破除计划经济时代东北地区的优越感，逐步形成开放和包容的文化氛围。转变地区高校对学生的培养方式，应当在课堂中植入实践性课题，活学活用，培育创新型思维。加大高校与东北地区制造业产业的场地的校企合作项目，引领学生参加到产业的制造当中去。同时，政府应当加大舆论引导力度，使全社会能够在创新创业的时代感召下，充分发挥自身力量。

二是破除东北国有企业"等、靠、要"的计划经济传统文化。东北地区大中小国有企业领导和企业员工，应当转换传统思维，企业员工不能一味依赖于企业，在市场经济的大环境下，职位没有终身制，待遇没有终身制；对于国有企业而言，更应该立足自身定位，不能一味地把亏损归结于其他原因，中央政府不应当是国有企业最终的买单人和债权人。作为制造业行业的国企，更加应该立足本公司的发展定位，企业的盈利与员工的个人发展应当挂钩，不能和过去一样，进了国企等于有了一个终身发展的饭碗。因此，应当从根本上破除国有企业员工和国有企业领导层对于企业和中央政府的依赖性思维，鼓励创新创业，鼓励按劳分配原则。

三是积极促进对外的开放与交流。进一步扩大对外开放力度，通过经济文化和社会的交流，能够吸收国内外众多先进文化，外来文化与东北地区当地文化的结合，破除传统思维的症结，激发东北地区国有企业的活力和创造力，使东北地区经济区得到有效的发展，增加东北地区国有企业的税收收入，加大对于技术创新领域的科技投入。

五、注重不同类别的制造业集群发展目标差异

根据理论模型的信息结构、模型推导的以及规范性分析的内容可知，国企在集群中理想的功能定位并不相同。在实证研究测度国企主导

会给制造业集群带来哪些影响的同时，也应注重针对不同类型的制造业集群属性差异，制定不同的集群转型发展目标：

对于上游主导国企，在集群转型时，要保持地区可持续发展能力，必须保持国企在资源领域以合理规模存在，决不能使国企完全退出这一领域。但是同时要降低政府对主导国企投资的无边际扩张，保持国企作为企业的适当盈利规模。

中游国企主导型集群中的投资应尽可能地转向只能依赖于公共投资的国企，如高成本研发、基础设施建设、企业公共服务部门，且投资相对规模不宜过高，私人资本有意愿进入的部门，即使国企已经形成了一定的规模效益，也应当在保持市场稳定的前提下逐步退出，避免产生"与民争利"的现象。

对于下游国企，则应尽可能地取消政策对市场的人为影响，支持高技术国企的发展，尽可能地实现消费品市场的自由竞争，甚至在一些行业或集群内，国企主导型集群的转型目标是引入充分竞争，消除由政策造成的国企主导地位。

基于本书的研究总结，认为未来进一步研究应该围绕以下几个方面展开：第一，研究主体视角的多元化。从国企主导型集群中的国企、政府角度理论，主要探讨政府投资、主导国企行为对集群发展的影响以及政府投资的最优规模。从集群内民企角度或相互关系角度探讨东北地区制造业集群发展问题，可以使集群内主体行为的刻画更为完整。第二，不同行业的具体探讨。可以选取劳动密集型、资本密集型、资源密集型、技术密集型制造业的代表行业集群，如劳动密集型以轻纺工业集群为例、资本密集型以汽车集群为例、资源密集型以煤焦化集群为例、技术密集型以机器人集群为例，对具体某一行业集群的发展进行更为深入的研究。第三，国内外相似集群的对比研究。国内国外都存在着与东北地区发展情况相似的制造业集群，为何有些集群转型取得成功而有些则走向衰落，这些集群与东北地区制造业集群发展状况有何异同，这些异同又可以为东北制造业集群发展提供何种启示，对比研究将提供诸多有意义的经验借鉴。

参 考 文 献

［1］阿尔弗雷德·韦伯：《工业区位论》，李刚剑译，商务印书馆
2010 年版。

［2］安树伟、李瑞鹏：《高质量发展背景下东北振兴的战略选择》，
载《改革》，2018 年第 7 期。

［3］奥利弗·E. 威廉姆斯：《市场和等级组织》，商务印书馆 1975
年版。

［4］白永青、张静：《构建东北老工业基地四大创新群》，载《宏
观经济管理》，2006 年第 1 期。

［5］班蕾：《湖北高新技术产业与经济增长的相关性实证研究》，
载《特区经济》，2013 年第 12 期。

［6］薄广文：《外部性与产业增长——来自中国省级面板数据的研
究》，载《中国工业经济》，2007 年第 1 期。

［7］蔡宁、杨闩柱、吴结兵：《企业集群风险的研究：一个基于网
络的视角》，载《中国工业经济》2003 年第 4 期。

［8］曾燕南：《习近平东北老工业基地振兴与国企改革思想研究》，
载《上海经济研究》，2019 年第 12 期。

［9］车晓翠：《东北振兴以来大庆市产业可持续发展能力评价》，
载《经济地理》，2012 年第 5 期。

［10］陈莞、陈国宏：《基于元胞自动机模型的产业集群规模演化
初探》，载《中国管理科学》，2007 年第 2 期。

［11］陈剑锋、万君康：《产业集群中技术创新集群的生命周期研
究》，载《武汉理工大学学报》（信息与管理工程版），2003 年第 10 期。

［12］陈耀:《新一轮东北振兴战略要思考的几个关键问题》,载《经济纵横》,2017 年第 1 期。

［13］程东东:《制造业结构优化对经济增长的影响分析——基于江苏省制造业的研究》,载《特区经济》,2015 年第 2 期。

［14］程广斌、郑璐:《制造业集聚对经济增长的空间溢出效应研究——基于民族与非民族地区的比较分析》,载《石河子大学学报》(哲学社会科学版),2018 年第 6 期。

［15］初楠辰、姜博:《哈大齐城市密集区空间联系演变特征——基于东北振兴战略实施前后的视角》,载《经济地理》,2015 年第 3 期。

［16］崔国平:《中国制造业技术效率变化及其决定因素》,载《工业技术经济》,2009 年第 28 期。

［17］崔万田:《中国装备制造业发展研究》,经济管理出版社 2004 年版。

［18］代碧波:《黑龙江装备制造业发展中的问题与成因分析》,载《边疆经济与文化》,2009 年第 8 期。

［19］丁四保:《"东北现象"症结分析与出路探讨》,载《现代城市研究》,2003 年第 6 期。

［20］董津津、陈聚关:《创新网络嵌入性、社区意识对企业创新绩效的影响》,载《科技进步与对策》,2019 年第 10 期。

［21］杜伟:《增强有企业技术创新动力的思考》,载《经济体制改革》,2003 年第 6 期。

［22］杜兴强、曾泉、杜颖洁:《政治联系、过度投资与公司价值——基于国有上市公司的经验证据》,载《金融研究》,2011 年第 8 期。

［23］杜峥平:《德国鲁尔区的改造对东北老工业基地振兴的启示》,载《经济纵横》,2007 年第 5 期。

［24］方达、张广辉:《环境污染、人口结构与城乡居民消费》,载《中南财经政法大学学报》,2018 年第 6 期。

［25］方茜、王军:《制造业对四川经济增长贡献的理论与实证分析》,载《西南民族大学学报》(人文社科版),2006 年第 2 期。

[26] 付晓东：《产业集群与东北老工业基地产业布局调整》，载《经济纵横》，2011 年第 9 期。

[27] 高月媚：《东北地区产业集群与经济空间耦合机理研究》，博士学位论文，吉林大学，2019 年。

[28] 郭朝先、刘艳红、杨晓琰、王宏霞：《中国环保产业投融资问题与机制创新》，载《中国人口、资源与环境》，2015 年第 8 期。

[29] 郭树龙、李启航：《中国制造业市场集中度动态变化及其影响因素研究》，载《经济学家》，2014 年第 3 期。

[30] 郭研、郭迪、姜坤：《政府资助、项目筛选和企业的创新产出——来自科技型中小企业创新基金的证据》，载《产业经济研究》，2015 年第 2 期。

[31] 韩东林、程琪、葛磊：《中国四大航空制造业集群创新能力实证研究》，载《科技进步与对策》，2015 年第 5 期。

[32] 和军、张紫薇：《新一轮东北振兴战略背景与重点——兼评东北振兴战略实施效果》，载《中国特色社会主义研究》，2017 年第 6 期。

[33] 何盛明：《财经大辞典》，中国财政经济出版社 1990 年版。

[34] 何文韬：《产业集聚对企业初始规模选择与持续生存的影响——基于辽宁省中小企业的分析》，载《经济地理》，2019 年第 39 期。

[35] 何雄浪、李国平：《关系经济地理学产业集群理论研究进展及其评析》，载《经济地理》，2006 年第 9 期。

[36] 洪俊杰、刘志强、黄薇：《区域振兴战略与中国工业空间结构变动——对中国工业企业调查数据的实证分析》，载《经济研究》，2004 年第 8 期。

[37] 洪凯：《东北老工业基地增强自主创新能力的对策》，载《经济纵横》，2006 年第 7 期。

[38] 洪世勤、刘厚俊：《中国制造业出口技术结构的测度及影响因素研究》，载《数量经济技术经济研究》，2015 年第 3 期。

[39] 黄桂田：《产业组织理论》，北京大学出版社 2012 年版。

［40］黄群慧：《东北地区制造业战略转型与管理创新》，载《经济纵横》，2015 年第 7 期。

［41］黄群慧：《真实的产业政策发达国家促进工业发展的历史经验与新实践》，经济管理出版社 2016 年版。

［42］黄毅敏、齐二石：《工业工程视角下中国制造业发展困境与路径》，载《科学学与科学技术管理》，2015 年第 4 期。

［43］贾文昌：《国有企业自主创新能力的问题与对策思考》，载《理论前沿》，2006 年第 8 期。

［44］简晓彬、车冰清、仇方道：《装备制造业集群式创新效率及影响因素——以江苏省为例》，载《经济地理》，2018 年第 7 期。

［45］焦方义：《论东北老工业基地的比较优势与结构优化战略》，载《税务与经济》（长春税务学院学报），2004 年第 2 期。

［46］金成晓、任妍：《东北老工业基地产业结构调整与主导产业选择实证研究》，载《税务与经济》，2005 年第 5 期。

［47］孔庆杰：《制造业企业转型升级影响因素研究——基于浙江省制造业企业大样本问卷调查的实证研究》，载《管理世界》，2012 年第 9 期。

［48］梁琦、李忠海、马斌：《东北制造业的优势在哪里》，载《统计研究》，2004 年第 3 期。

［49］李成固：《东北老工业基地衰退机制与结构转换研究》，载《地理学报》，1996 年第 2 期。

［50］李建、金占明：《复杂性理论与产业集群发展》，载《科学学研究》，2007 年第 12 期。

［51］李剑力：《地方政府在产业集群发展中的职能定位及应注意的问题》，载《学习论坛》，2006 年第 22 期。

［52］李金华、李苍舒：《我国制造业升级的路径和行动框架》，载《经济经纬》，2010 年第 3 期。

［53］李凯、李世杰：《装备制造业集群耦合结构：一个产业集群研究的新视角》，载《中国工业经济》，2005 年第 12 期。

[54] 李凯、李世杰：《装备制造业集群网络结构研究与实证》，载《管理世界》，2004年第6期。

[55] 李连刚：《区域经济弹性视角下辽宁老工业基地经济转型研究》，博士学位论文，中国社会科学院大学，2019年。

[56] 李琳、王足：《我国区域制造业绿色竞争力评价及动态比较》，载《经济问题探索》，2017年第4期。

[57] 李美娟：《中国企业突破全球价值链低端锁定的路径选择》，载《现代经济探讨》2010年第1期。

[58] 李平、王钦、贺俊：《中国制造业可持续发展指标体系构建及日标预测》，载《中国工业经济》，2010年第5期。

[59] 李山林：《吉林省制造业区位重构研究》，博士学位论文，中国科学院研究生院，2016年。

[60] 李晟晖：《矿业城市产业转型研究——以德国鲁尔区为例》，载《中国人口、资源与环境》，2003年第4期。

[61] 李时椿：《论制造业信息化与新型工业化》，载《科技管理研究》，2007年第5期。

[62] 李伟民：《东北老工业基地区域技术创新竞争力研究》，博士学位论文，辽宁大学，2015年。

[63] 梁光雁、徐明：《现代制造业服务创新的动力影响因素及其实证分析》，载《特区经济》，2011年第2期。

[64] 林木西：《探索东北特色的老工业基地全面振兴道路》，载《辽宁大学学报》（哲学社会科学版），2012年第5期。

[65] 林木西：《振兴东北老工业基地的理性思考与战略抉择》，载《经济学动态》，2003年第10期。

[66] 林毅夫、蔡昉、李周：《中国经济转型时期的地区差距分析》，载《经济研究》，1998年第6期。

[67] 林毅夫、付才辉：《基于新结构经济学视角的吉林振兴发展研究——《吉林报告》分析思路、工具方法与政策方案》，载《社会科学辑刊》，2017年第6期。

［68］林治华：《产业集聚与东北振兴协同效应分析》，载《东北财经大学学报》，2006 年第 6 期。

［69］刘超、李大龙：《基于复杂性理论的金融产业集聚演化动因研究》，载《当代经济研究》，2013 年第 5 期。

［70］刘传江：《中国城市化的制度与创新》，武汉大学出版社 1999 年版。

［71］刘春芝：《集群式创新：振兴东北老工业基地的新思路》，载《东北亚论坛》，2006 年第 3 期。

［72］刘凤朝、王元地、潘雄峰：《老工业基地产业结构升级的知识产权对策》，载《科技进步与对策》，2004 年第 11 期。

［73］刘光富、Stephen C－Y. Lu：《中国国有企业创新动力因素研究》，载《中国科技论坛》，2009 年第 11 期。

［74］刘生龙、胡鞍钢：《基础设施的外部性在中国的检验：1998－2007》，载《经济研究》，2010 年第 3 期。

［75］刘天卓、陈晓剑：《产业集群的生态属性与行为特征研究》，载《科学学研究》，2006 年第 24 期。

［76］刘洋、刘毅：《东北地区主导产业培育与产业体系重构研究》，载《经济地理》，2006 年第 1 期。

［77］刘志迎、李慧：《中国制造业自主创新行业产业比较分析》，载《科技与经济》，2008 年第 5 期。

［78］卢福才、吴昌南：《产业经济学》，复旦大学出版社 2013 年版。

［79］卢华玲、周燕、樊自甫：《产业集群发展影响因素研究——基于电子及通信设备的制造业省级面板数据实证分析》，载《科技进步与对策》，2013 年第 1 期。

［80］罗能生、谢里、谭真勇：《产业集聚与经济增长关系研究新进展》，载《经济学动态》，2009 年第 3 期。

［81］吕国庆、曾刚、马双、刘刚：《产业集群创新网络的演化分析——以东营市石油装备制造业为例》，载《科学学研究》，2014 年第

9 期。

[82] 马建会:《产业集群成长机理研究》,博士学位论文,暨南大学,2005 年。

[83] 马文东、晚春东、王雅林:《东北老工业基地改造中的集群化问题》,载《学习与探索》,2005 年第 1 期。

[84] 马歇尔:《经济学原理》,章洞易译,北京联合出版公司 2015年版。

[85] 马云玲:《高新技术产业对云南经济增长的贡献》,载《云南财贸学院学报》(社会科学版),2003 年第 3 期。

[86] 迈克尔·波特:《国家竞争理论》,李明轩等译,中信出版社 2012 年版。

[87] 苗淼、刘雪茹:《东北地区民间融资现状、特点及发展对策研究》,载《东北师范大学学报》(哲学社会科学版),2009 年第 6 期。

[88] 倪渊:《核心企业网络能力与集群协同创新:一个具有中介的双调节效应模型》,载《管理评论》,2019 年第 12 期。

[89] 宁连举、郑文范:《加强自主创新促进东北装备制造业发展模式转变》,载《东北大学学报》,2005 年第 4 期。

[90] 潘雄峰、刘凤朝、许立波:《东北三省技术创新能力的分省比较与分析》,载《科技进步与对策》,2005 年第 2 期。

[91] 乔翠霞:《论政府在产业集群形成和发展中的作用》,载《理论学刊》,2005 年第 4 期。

[92] 青木昌彦、奥野正宽:《经济体制的比较制度分析》,魏加宁译,中国发展出版社 1999 年版。

[93] 青木昌彦:《比较制度分析》,周黎安译,上海远东出版社 2001 年版。

[94] 任艳君、海燕:《浙江高新技术产业经济增长研究》,载《价格月刊》,2012 年第 5 期。

[95] 阮建清、张晓波、卫龙宝:《危机与制造业产业集群的质量升级——基于浙江产业集群的研究》,载《管理世界》,2010 年第 2 期。

［96］邵庆龙：《中国经济增长与三个产业能源消耗的结构调整》，载《科研管理》，2017 年第 1 期。

［97］单洪颖、郭立夫：《基于产业集群理论的东北制造业自主创新模式研究》，载《吉林大学社会科学学报》，2008 年第 2 期。

［98］史晋川、谢瑞平：《区域经济发展模式与经济制度变迁》，载《学术月刊》，2002 年第 4 期。

［99］苏水东：《产业经济学》，高等教育出版社 2000 年版。

［100］孙冰、张敏：《基于结构方程的我国制造业自主创新现状分析》，载《科技进步与对策》，2009 年第 16 期。

［101］苏飞、张平宇：《辽中南城市群人口分布的时空演变特征》，载《地理科学进展》，2010 年第 29 期。

［102］孙汉杰：《东北地区制造业升级问题研究》，博士学位论文，东北师范大学，2016 年。

［103］孙久文：《区域经济学》，中国人民大学出版社 2010 年版。

［104］孙林岩：《中国制造业发展战略管理研究》，清华大学出版社 2009 年版。

［105］孙韬：《东北装备制造业技术创新支撑体系研究》，博士学位论文，吉林大学，2011 年。

［106］唐榕：《装备制造业企业核心竞争力评价指标体系构建》，载《东北财经大学学报》，2009 年第 4 期。

［107］唐晓华、陈阳、张欣钰：《中国制造业集聚程度演变趋势及时空特征研究》，载《经济问题探索》，2017 年第 5 期。

［108］陶虎：《机遇 PCA 的国有企业自主创新综合评价分析——以山东省为例》，载《产业集聚评论》，2008 年第 6 期。

［109］陶磊、刘朝明、陈燕：《可再生资源约束下的内生增长模型研究》，载《中南财经政法大学学报》，2008 年第 1 期。

［110］田超、王磊：《长江中游城市群产业集聚与经济增长的实证研究——基于动态面板 GMM 估计的分析》，载《区域经济评论》，2015 年第 3 期。

[111] 田晓刚、鞠美庭、杨娟、邵超峰、方自力：《综合型生态工业园可持续发展策略探析——以郑州高新技术开发区为例》，载《环境污染与防治》，2012 年第 3 期。

[112] 王炳成：《企业生命周期研究述评》，载《技术经济与管理研究》，2011 年第 10 期。

[113] 王镝、张先琪：《东北三省能源资源型城市的市场机制建设与经济转型》，载《中国人口·资源与环境》，2018 年第 6 期。

[114] 王福君：《区域比较优势与辽宁装备制造业升级研究》，中国经济出版社 2010 年版。

[115] 王国跃、李海海：《我国装备制造业产业集群发展模式及对策》，载《经济纵横》，2008 年第 12 期。

[116] 王缉慈：《关于我国区域研究中的若干新概念的讨论》，载《北京大学学报》（哲学社会科学版），1998 年第 5 期。

[117] 王缉慈：《试述我国石油化纤基地的布局与选址问题》，载《经济地理》，1982 年第 10 期。

[118] 王缉慈：《增长极概念、理论及战略探究》，载《经济科学》，1989 年第 6 期。

[119] 王缉慈：《超越集群——中国产业集群的理论探索》，科学技术出版社 2016 年版。

[120] 王缉慈：《我国制造业集群分布现状及其发展特征》，载《地域研究与开发》，2003 年第 12 期。

[121] 王娟、郑浩源：《东北振兴政策与东北经济增长——基于 PSM - DID 方法的经验分析》，载《东北财经大学学报》，2017 年第 5 期。

[122] 王俊松：《长三角制造业空间格局演化及影响因素》，载《地理研究》，2014 年第 12 期。

[123] 王庆龙、史桂芬：《金融支持东北地区产业转型升级的若干问题研究》，载《经济纵横》，2018 年第 12 期。

[124] 王素君、马银戍：《河北省装备制造业竞争力评价研究》，载《河北经贸大学学报》，2014 年第 3 期。

［125］王文甫、张南：《政府消费、政府投资、净出口和有效汇率——基于中国的经验和解释》，载《国际贸易问题》，2015 年第12 期。

［126］王秀明、李非：《产业集聚对区域经济增长的影响：基于广东省的实证研究》，载《武汉大学学报》（哲学社会科学版），2013 年第 6 期。

［127］王长峰：《基于演化博弈理论的产业集群中竞争与合作关系分析》，载《科技管理研究》，2011 年第 1 期。

［128］王志刚、龚六堂、陈玉宇：《地区间生产效率与全要素生产率增长率分解》，载《中国社会科学》，2006 年第 2 期。

［129］威廉·P. 安德森：《经济地理学》，中国人民大学出版社 2017 年版。

［130］韦伯：《工业区位论》，朱志泰译，商务印书馆 1997 年版。

［131］魏后凯、刘长会、吴力学：《中国产业集群发展现状及特征》，载《经济研究参考》，2009 年第 3 期。

［132］魏丽华：《金融危机视域下珠三角产业升级研究》，载《商业研究》，2009 年第 7 期。

［133］温瑞珺：《企业自主创新能力评价研究》，载《集团经济研究》，2005 年第 15 期。

［134］闻媛：《中国创意产业发展模式研究——基于全球产业价值链的视角》，载《财贸研究》，2011 年第 22 期。

［135］吴清军：《市场转型时期国企工人的群体认同与阶级意识》，载《社会学研究》，2008 年第 6 期。

［136］吴先华、郭际、胡汉辉：《复杂性理论和网络分析方法在产业集群创新能力问题中的应用——基于江苏省三个产业集群的实证研究》，载《科学学与科学技术管理》，2008 年第 4 期。

［137］吴晓波、吴东：《全球制造网络与我国制造企业嵌入模式》，载《科技进步与对策》，2009 年第 4 期。

［138］辛清泉、林斌、王彦超：《政府控制、经理薪酬与资本投资》，载《经济研究》，2007 年第 8 期。

[139] 邢天才、庞士高：《资本错配、企业规模、经济周期和资本边际生产率——基于1992—2013年我国制造业上市企业的实证研究》，载《宏观经济研究》，2015年第4期。

[140] 熊彼特：《经济发展理论》，郭武阳等译，华夏出版社2015年版。

[141] 熊瑞祥、李辉文、郑世怡：《干中学的追赶——来自中国制造业企业数据的证据》，载《世界经济文汇》，2015年第2期。

[142] 徐斌、陈宇芳、沈小波：《清洁能源发展、二氧化碳减排与区域经济增长》，载《经济研究》，2019年第7期。

[143] 许欣：《东北振兴战略演进轨迹及其未来展望》，载《改革》，2017年第12期。

[144] 许昕：《东北振兴战略演进轨迹及其未来展望》，载《当代中国史研究》，2018年第25期。

[145] 闫文娟、郭树龙、史亚东：《环境规制、产业结构和就业效应：线性还是非线性?》，载《经济科学》，2012年第6期。

[146] 严成樑、李蒙蒙：《制造业规模与宏观经济波动》，载《财经问题研究》，2017年第12期。

[147] 杨春峰、郭海楼：《对东北老工业基地国有企业制度创新的分析》，载《长春理工大学学报（社会科学版）》，2006年第1期。

[148] 杨大海、肖瑜：《产业集群与东北经济区共同发展探讨》，载《东北亚论坛》，2004年第4期。

[149] 杨东亮、赵振全：《东北经济失速的投资性根源》，载《东北亚论坛》，2015年第24期。

[150] 杨桂元、王莉莉：《我国制造业技术进步、技术效率及区域差异——基于DEA方法的实证研究》，载《技术经济》，2008年第27期。

[151] 杨继瑞、黄潇、张松：《资源型城市转型：重生、困境与路径》，载《经济理论与经济管理》，2011年第12期。

[152] 杨汝岱、朱诗娥：《集聚、生产率与企业出口决策的关联》，载《改革》，2018年第7期。

［153］杨伟民：《我国老工业基地发展迟滞的原因及改造振兴的思路》，载《经济学家》，1993 年第 4 期。

［154］杨文爽、李春艳：《东北地区制造业全要素生产率增长率分解研究》，载《当代经济研究》，2015 年第 4 期。

［155］杨荫凯、刘羽：《东北地区全面振兴的新特点与推进策略》，载《区域经济评论》，2016 年第 9 期。

［156］姚立杰、周颖：《管理层能力、创新水平与创新效率》，载《会计研究》，2018 年第 6 期。

［157］叶笛、林峰、刘震宇：《我国制造业集群升级的影响因素研究》，载《财经问题研究》，2015 年第 7 期。

［158］殷醒民：《制造业：乘数效应溢出和技术升级》，载《经济学家》，1998 年第 5 期。

［159］尹希果、刘培森：《中国制造业集聚影响因素研究——兼论城镇规模、交通运输与制造业集聚额度非线性关系》，载《经济地理》，2013 年第 12 期。

［160］于斌斌、胡汉辉：《产业集群与城市化的共同演化机制：理论与实证》，载《产业经济研究》，2013 年第 11 期。

［161］袁海洋：《张作霖时期的东北铁路》，载《环球人文地理》，2016 年第 10 期。

［162］原毅军、郭丽丽、任焕焕：《基于复合污染指数的省级环境技术效率测算》，载《中国人口、资源与环境》，2011 年第 10 期。

［163］岳华、张海军：《金融发展、资源诅咒与经济增长》，载《华东师范大学学报》（人文社会社科版），2019 年第 6 期。

［164］张峰、宋晓娜、董慧中：《粤港澳大湾区制造业绿色竞争力指数测度与时空格局演化特征分析》，载《中国软科学》，2019 年第 10 期。

［165］张杰、刘志彪、郑江淮：《中国制造业企业创新活动的关键影响因素研究——基于江苏省制造业企业问卷的分析》，载《管理世界》，2007 年第 6 期。

［166］张敏：《东北地区制造业产业自主创新的动力要素分析》，

载《辽宁大学学报》（哲学社会科学版），2013 年第 4 期。

[167] 张少杰、徐颖、杨雪：《高新技术产业集群内在功能效应研究》，载《吉林大学社会科学学报》，2006 年第 5 期。

[168] 张少军、刘志彪：《产业升级与区域协调发展：从全球价值链走向国内价值链》，载《经济管理》，2013 年第 8 期。

[169] 张志元、李兆友：《新常态下我国制造业转型升级的动力机制及战略趋向》，载《经济问题探索》，2015 年第 6 期。

[170] 张钟文、叶银丹、许宪春：《高技术产业发展对经济增长和促进就业的作用研究》，载《统计研究》，2017 年第 7 期。

[171] 赵莉：《国有大中型企业成为自主创新的主导力量》，载《新视野》，2006 年第 2 期。

[172] 赵林、王维、张宇硕、李瑞、吴殿廷：《东北振兴以来东北地区城市脆弱性时空格局演变》，载《经济地理》2014 年第 34 期。

[173] 赵秋成：《东北老工业基地劳动力转移配置特征》，载《经济管理》，2010 年第 1 期。

[174] 赵树宽、刘战礼、陈丹：《基于产业集群的东北地区跨行政区域创新系统构建研究》，载《科学学与科学技术管理》，2010 年第 8 期。

[175] 郑建壮：《基于资源整合理论的制造业集群竞争力的研究》，博士学位论文，浙江大学，2005 年。

[176] 郑植尚、杨富泽、傅子轩：《东北振兴背景下去"'杠杆'与'保增长'"的门槛效应研究》，载《工业技术经济》，2019 年第 10 期。

[177] 中国工商银行江苏分行课题组：《产业集群、区域经济与金融深化——金融支持中国戴南产业集群发展模式研究》，载《金融论坛》，2006 年第 12 期。

[178] 仲伟周、崔文殿：《中国电子及通信设备制造业产业集群的影响因素》，载《山西财经大学学报》，2013 年第 11 期。

[179] 周灿、曾刚：《经济地理学视角下产业集群研究进展与展望》，载《经济地理》，2018 年第 1 期。

[180] 周叔莲：《努力走出老工业基地振兴的新路子》，载《当代

财经》，2004 年第 1 期。

［181］周巧宾、刘文革、梁埼：《东北老工业基地产业自主竞争力研究》，载《中国工业经济》，2004 年第 7 期。

［182］朱华晟：《浙江产业集群——产业网路、成长轨迹与发展动力》，浙江大学出版社 2003 年版。

［183］朱平芳、徐伟民：《政府的科技激励政策对大中型工业企业 R&D 投入及其专利产出的影响——上海市的实证研究》，载《经济研究》，2003 年第 6 期。

［184］温忠麟、张雷、侯杰泰、刘红云：《中介效应检验程序及其应用》，载《心理学报》，2004 年第 5 期。

［185］张玉明、聂艳华、李凯：《知识溢出对区域创新产出影响的实证分析——以高技术产业为例》，载《软科学》，2009 年第 7 期。

［186］张昕、李廉水：《制造业集聚、知识溢出与区域创新绩效——以我国医药、电子及通讯设备制造业为例的实证研究》，载《数量经济技术经济研究》，2007 年第 8 期。

［187］Ahokangas P. and Hyry M. , Small Technology-based Firms in Fast-growing Regional Cluster. *New England Journal of Entrepreneurship*, Vol. 2, 1999, pp. 19 – 26.

［188］Asheim B. , Industrial Districts as Leaning Regions. *Conditions for Prosperity*, *European Planning Studies*, No. 4, 1996, pp. 379 – 400.

［189］Balland and Morrison A. , The Dynamics of Technical and Business Knowledge Networks in Industrial Clusters: Embeddedness, Status, or Proximity? *Economic Geography*, Vol. 92, No. 1, 2016, pp. 35 – 60.

［190］Barff R. , Industrial Clustering and Organization of production, A Point Pattern Analysis of Manufacturing in Cincinnati, Ohio. *Annals of the Association of American Geographers*, Vol. 77, No. 1, pp. 89 – 103.

［191］Bautista A. D, Agglomeration Economies Economic Growth and the New Economic Geography in Mexico. *EconWPA Working Paper*, 2006.

［192］Beghin J. and Maertens M. , Non-tariff Measures and Standards in Trade and Global Value Chains. *Annual Review of Resource Economics*, No. 1, 2015, pp. 425 – 450.

[193] Bergman, and Feser, E. J.. Industrial and Regional Clusters: Concepts and Comparative Applications Regional Research Institute. West Virginia: West Virginal University, 1999.

[194] Bezdek. R. H. , Environmental Protection, the Economy, and Jobs: National and Regional Analyses, *Journal of Environmental Management*, No. 86, 2008, pp. 63 – 79.

[195] Canfei He, Foreign Manufacturing Investment in China: The Role of Industrial Agglomeration and Industrial Linkages, *China & World Economy*, Vol. 16, No. 1, 2008, pp. 82 – 99.

[196] Charles. J. Stone, Additive Regression and Other Nonparametric Models. *The Annals of Statistics*, No. 1, 1985, pp. 585 – 600.

[197] Cohen W. M. and D. A. Levinthal, Innovation and Learning: The Two Faces of R&D. *The Economic Journal*, Vol. 103, No. 4, 1989, pp. 569 – 596.

[198] Daniel Berkowitz, Market Distortions and Labor Share Distributions: Evidence from Chinese Manufacturing Firms. *Working Paper*, 2018.

[199] Fang, L. , Manufacturing Clusters and Firm Innovation. *Economic Development Quarterly*, Vol. 33, No. 1, 2019, pp. 6 – 18.

[200] Fotopouls Georgios and Spence Nigel, Regional Variation of Firm Births, Deaths and Growth Patterns in UK, 1980 – 1991. *Growth and Change*, Vol. 32, 2001.

[201] A Grief, Cultural Beliefs and the Organization of Society: A Historical and Theoretical Reflection on Collectivist and Individualist Societies. *Journal of Political Economy*, No. 102, 1994, pp. 912 – 950.

[202] Guerrieri Paolo, Pierobelli Carlo. Models of Industrial Districts' Evolution and Changes in Technological Regimes. Paper Prepared for the DRUID Summer Conference. 2001.

[203] Gulyani S, Effects of Poor Transportation on Lean Production and Industrial Clustering: Evidence from the Indian Auto Industry. *World Development*, 2001, pp. 34 – 43.

[204] Haas R. , A Historical Review of Promotion Strategies for Electricity from Renewable Energy Sources in EU Countries. *Renewable and Sustainable Energy Reviews*, No. 2, 2011, pp. 1003 – 1034.

[205] Haayek, *Legislation and Liberty: Rules and Order*. Chicago: University of Chicago Press, 1973.

[206] Harmelink M. , Analyzing the Effectiveness of Renewable Energy Supporting Policies in the European Union. *Energy Policy*, No. 3. 2006, pp. 343 – 351.

[207] Head. K. and J. Rise, Agglomeration Benefits and Location Choice: Evidence from Japanese Manufacturing. *Journal of International Economics*, Vol. 38, No. 3, 1995, pp. 223 – 274.

[208] Herrigel G, Wittke V. and Voskamp U. The Process of Chinese Manufacturing Upgrading: Transitioning from Unilateral to Recursive Mutual Learning Relations. *Global Strategy Journal*, Vol. 3, No. 1, 2013, pp. 109 – 125.

[209] Hicks, *A Theory of Economics History*. Oxford: Oxford University Press, 1969.

[210] Hubert Schmitz, The Internal Heterogeneity of Industrial Districts in Italy, Brazil and Mexico. *Regional Studies*, No. 10, 1999, pp. 97 – 108.

[211] Janine Nahapiet and Sumantra Ghoshal, Social Capital, Intellectual Capital, and the Organizational Advantage. *The Academy of Management Review*, Vol. 23, No. 2, 1998, pp. 242 – 266.

[212] John Beghin and Michel Potier, *Effects of Trade Liberalization on the Environment in the Manufacturing Sector*, Malden: Blackwell Publishers Ltd. , 1997.

[213] Jun Koo, Technology Spillovers, Agglomeration, and Regional

Economic Development. *Journal of Planning Literature*, Vol. 20, No. 2, November 2005, pp. 99 – 112.

[214] Kenneth and J. Arrow. The Economic Implications of Learning by Doing. *The Review of Economic Studies*, No. 6, 1962, pp. 155 – 173.

[215] Klenow, P. J. and A. Rodrignez – Clare, Economic Growth: A Review Essay. *Journal of Monetary Economics*, No. 4, 1998, pp. 355 – 372.

[216] Kreps, *Game Theory and Economic Modeling*. Oxford: Claredon Press, 1990.

[217] Krugman P. , Increasing Returns and Economic Geography. *Journal of Political Economy*, No. 6, 1991, pp. 183 – 199.

[218] Lazerson M. and G Lorenzoni, The Firms That Feed Industrial Districts: A Return to the Italian Source. *Industrial and Corporate Change*, Vol. 40, No. 2, 1999, pp. 235 – 266.

[219] Li G. , On the Approaches to the Transformation of Manufacturing Industry in Northeast China, *Public Administration & Law*, 2017.

[220] Masahisa Fujita and Jacques – Francois Thisse, Economics of Agglomeration. *Journal of the Japanese and International Economies*, Vol. 10, No. 4, 1996, pp. 339 – 378.

[221] Mashall A. , *Principles of Economics*. London: Macmilan Press, 1890.

[222] Mengerr, *Investigations into the Method of the Social Sciences with Special Reference to Economics*. USA. : New York University Press, 1883.

[223] Michael Potter, Clusters and New Economics of Competition. *Harvard Business Review*, No. 11, 1998, pp. 77 – 91.

[224] North, *Institutional Change and Economic Performance*. UK. : Cambridge University Press, 1990.

[225] Otsuka. k. and Sonobe. T. , A Cluster-based Industrial Development Policy for Low-income Countries. Policy Research Working Paper,

World Bank, 2011.

[226] Paul Romer M. , Growth Based on Increasing Returns Due to Specialization. *The American Economic Review*, Vol. 77, No. 2, 1987, pp. 56 – 62.

[227] Peter Knorringa, Jorg Meyer – Stamen New Dimensions in Enterprise Cooperation and Development: From Clusters to Industrial Districts, ATAS Bulletin XL, 1998.

[228] Porter M. , Cluster and he New Economics of Competition. *Harvard Business Review*, 1998. pp. 11 – 12.

[229] Qush D. T. , Regional Convergence Clusters Across Europe. *European Economic Review*, 1996.

[230] Raymond Vernon, International Investment and International Trade in the Product Cycle. *The Quarterly Journal of Economics*, No. 5, 1966, pp. 190 – 207.

[231] Roach, M. and W. M. Cohen, Lens or Prism? Patent Citations as a Measure of Knowledge Flows from Public Research, *Management Science*, Vol. 59, No. 2, 2013, pp. 504 – 525.

[232] Romer P. , Increasing Returns and Long – Run Growth. *Journal of Political Economic*, Vol. 94, No. 5, pp. 1002 – 1037.

[233] Sbergami F. , Agglomeration and Economic Growth Some Puzzles. *HEI Working Paper No. 2*, 2002.

[234] Schotter, *The Economic Theory of Social Institutions*. UK. : Cambridge University Press, 1981.

[235] Scott A. Snell, Selection and Training For Integrated Manufacturing. *Journal of Management Studies*, Vol. 37, No. 5, 2000, pp. 3 – 20.

[236] Sharma C. and Sehgal S. , Impact of Infrastructure on Output, Productivity and Efficiency: Evidence Review from the Indian Manufacturing Industry. *Indian Growth and Development*, Vol. 2, 2010, pp. 100 – 121.

[237] Straub S. and Vellutini C. , Infrastructure and Economic Growth

in East Asia. *World Bank Policy Research Working Paper*, 2008.

[238] Tilman Altenburg, How to Promote Clusters: Policy Experiences from Latin American. *World Development*, Vol. 27, No. 9, 1999, pp. 1693 – 1713.

[239] Uzzi B. , Social Structure and Competition Science Quarterly in Inter-Firm Networks: The Paradox of Embeddedness. *Administrative*, Vol. 42, No. 1, 1997, pp. 35 – 67.

[240] Weber A. , *The Theory of the Innovation of Industries*, Chicago: Chicago University Press, 1929.

[241] Wing Thye Woo, China's Soft Budget Constraint on Demand – Side Undermines Its Supply-Side Structural Reforms. *China Economic Review*, 2017.

[242] Yang, H. , Ji, C. , Nie, Y. and Hong, Y. , China's Wood Furniture Manufacturing Industry: Industrial Cluster and Export Competitiveness. *Forest Products Journal*, Vol. 62, No. 3, 2013, pp. 214 – 221.

[243] Yu Liuand Nilesh Sah, Financing Patterns in Transition Economies: Privatized Former SOEs versus Ab Initio Private Firms. *Emerging Markets Review*, 2020.

[244] Zhang G. and Xu, Q. , Knowledge Diffusion within the Datang Sock-manufacturing Cluster in China. *Regional Studies*, Vol. 45, No. 7, 2011, pp. 977 – 996.